Mjera Vjere

„Dakako, zbog milosti koja mi je dana kažem svakome među vama da ne drži do sebe više od onoga što treba do sebe držati, nego neka drži do sebe pristojno prema mjeri vjere, kako je Bog udijelio svakomu pojedinomu".

(Poslanica Rimljanima 12:3)

Mjera Vjere

Dr. Jaerock Lee

Mjera Vjere autora Dr. Jaerocka Leeja
Izdavač: Urim Books (zastupnik: Kyungtae Noh)
73, Yeouidaebang-ro 22-gil, Dongjak-gu, Seul, Koreja
www.urimbooks.com

Sva prava pridržana. Ni ova knjiga niti njezini dijelovi ne smiju se reproducirati u kojem obliku, pohranjivati u računalni sustav niti prenositi ni na koji način, elektroničkim, mehaničkim putom, fotokopiranjem, snimanjem te ni na koji drugi način bez prethodnog pisanog odobrenja izdavača.

Osim ako nije drukčije naznačeno, svi citati iz Svetog pisma preuzeti su iz Biblije Kršćanske sadašnjosti, Zagreb, 2008. ®, autorska prava © prvo izdanje u vlastitoj nakladi 1974. izdavača Kršćanska sadašnjost, Zagreb, 2008. Odobreno korištenje.

Autorska prava © 2016: Dr. Jaerock Lee
ISBN: 979-11-263-0107-2 03230
Autorska prava na prijevod © 2013: Dr. Esther K. Chung. Odobreno korištenje.

Prethodno na korejskom 2002. godine objavio The Christian Press.

Prvo izdanje u Svibanj 2016

Urednik: Dr. Geumsun Vin
Dizajn: Urednički ured
Tisak: Prione Printing Company
Za više informacija obratite nam se na urimbook@hotmail.com

Predgovor

Želim Vam svima da posjedujete vjeru cjelokupne mjere duha i da uživate u vječnoj i nebeskoj slavi u Novom Jeruzalemu u kojemu je prijestolje Božje!

Zajedno s nedavno objavljenom knjigom *Poruka Križa*, *Mjera Vjere* predstavlja najfundamentalnije i najvažnije smjernice za dobar kršćanski život. Dajem hvalu i slavu Bogu Ocu koji je blagoslovio ovo dragocjeno djelo da se objavi i otkrije duhovno kraljevstvo bezbrojnim dušama.

Danas ima mnogo onih koji tvrde da vjeruju, ali nisu sigurni u svoje spasenje. Oni ne poznaju mjeru vjere i koliko vjere moraju imati kako bi zadobili spasenje. Govore jedni o drugima: „Ovaj ima veliku vjeru". ili „Taj je čovjek malovjeran". Pa ipak, nije lako znati koliko Vaše vjere Bog uistinu prihvaća niti je lako izmjeriti kolika je Vaša vjera ili koliko je narasla. Bog ne želi da mi imamo ovosvjetovnu vjeru, nego duhovnu vjeru popraćenu djelima. Kaže se da ljudi imaju ovosvjetovnu vjeru ako samo čuju i nauče Riječ Božju, a potom je upamte i pohrane u vidu znanja. Ne možemo imati duhovnu vjeru svojom voljom; nju nam daje jedino Bog.

Zato nas se u Poslanici Rimljanima 12:3 potiče: *„Dakako, zbog milosti koja mi je dana kažem svakome među vama da ne drži do sebe više od onoga što treba do sebe držati, nego neka drži do sebe pristojno prema mjeri vjere, kako je Bog udijelio svakomu pojedinomu".* Ovaj nam odlomak govori da svaki pojedinac ima svoju vlastitu duhovnu vjeru koju mu/joj je udijelio Bog i da se Njegov odgovor razlikuje ovisno o mjeri vjere svakog pojedinoga.

U Prvoj Ivanovoj poslanici 2:12 i redcima koj slijede prikazan je rast vjere svake osobe kao vjere dječice, mladića, dječaka i otaca. A u Prvoj poslanici Korinćanima 15:41 stoji: *„Drugi je sjaj sunca, a drugi sjaj mjeseca, a drugi sjaj zvijezda, jer se zvijezda od zvijezde razlikuje sjajem".* Taj nas odlomak podsjeća na to da se razlikuju nebeski stan i slava svakog pojedinca ovisno o mjeri njegove ili njezine vjere. Važno je zadobiti spasenje i otići u raj, ali još je važnije znati u koji ćemo nebeski stan ući i koje ćemo vrste vijenaca i nagrada primiti.

Bog ljubavi želi da se Njegova djeca uzdignu do pune mjere vjere, raduje se njihovom dolasku u Novi Jeruzalem u kojemu se nalazi Njegovo prijestolje i čezne da ondje s njima živi zauvijek.

U skladu s Božjim srcem i učenjem Riječi, *Mjera Vjere* osvjetljava pet razina vjere i kraljevstva nebeskog i čitatelju pomaže u mjerenju razine vlastite vjere. Mjera vjere i stanovi u nebeskom kraljevstvu mogu se podijeliti i na više od pet razina, ali u ovom djelu bavimo se sa samo pet razina kako bi ih čitatelji lakše razumjeli. Nadam se da ćete energičnije prisvajati nebo uspoređujući svoju mjeru vjere s mjerom vjere praotaca vjere u Bibliji.

Prije više godina molio sam da zadobijem otkrivenje nekih redaka u Bibliji koji su bili teški za shvatiti. A onda mi je jednoga dana Bog počeo objašnjavati da je kraljevstvo nebesko podijeljeno, a da se stanovi u nebesima koji se daju svakom od Njegove djece razlikuju ovisno o mjeri njegove ili njezine vjere.

Nakon toga sam propovijedao o stanovima na nebesima i mjeri vjere, pa sam uredio tu poruku kako bih objavio ovo djelo. Zahvaljujem Geumsunu Vinu, direktoru i mnogim vjernim djelatnicima u Uredničkom uredu. Također zahvaljujem i Uredu za prevođenje.

Neka svaki čitatelj *Mjere Vjere* primi punu poruku vjere, vjeru cjelokupnog duha, i neka uživa u vječnoj slavi u Novom Jeruzalemu u kojemu je prijestolje Božje, to molim u Ime Gospodina našega Isusa Krista!

Jaerock Lee

Uvod

U nadi da će ovo djelo biti smjernice od neprocjenjive vrijednosti u mjerenju vjere svakog pojedinoga i da će bezbrojne duše dovesti do mjere vjere koja je mila Bogu...

U *Mjeri Vjere* razmatramo pet razina vjere: od vjere duhovne dječice, koji su tek prihvatili Isusa Krista i primili Duha Svetoga, do mjere vjere otaca, koji poznaju Boga, Jednoga koji je od prije početka vremena. Pomoću ovoga djela svatko može približno odrediti mjeru vlastite vjere.

U 1. poglavlju, „Što je to vjera?", definiramo vjeru i opširno opisujemo vrstu vjere koja je Bogu mila i vrste odgovora i blagoslova koji prate Bogu prihvatljivu vjeru. Biblija dijeli vjeru na dvije vrste: „ovosvjetovnu vjeru" ili „vjeru u vidu znanja" i „duhovnu vjeru". Ovo nam poglavlje govori o tome na koji način zadobiti duhovnu vjeru i voditi blagoslovljen život u Kristu.

Uvelike utemeljeno na Prvoj Ivanovoj poslanici 2:12-14, u

drugom poglavlju, „Rast duhovne vjere", opisujemo proces rasta duhovne vjere uspoređujući ga s rastom čovjeka od djeteta, mladića, dječaka do oca. Drugim riječima, nakon što osoba prihvati Isusa Krista, ona duhovno raste u svojoj vjeri: od vjere novorođenčeta do vjere odrasle osobe.

U 3. poglavlju, „Mjera vjere svakog pojedinoga", mjeru vjere svakog pojedinca objašnjavamo usporedbom s djelom koje vjera slame, sijena, drva, dragog kamenja, srebra i zlata ostavlja za sobom nakon ognjenih kušnja. Bog želi da mi zadobijemo vjeru zlata čije se djelo nikada ne spaljuje ni u kakvoj vrsti ognjenih kušnja.

U 4. poglavlju, „Vjera za zadobivanje spasenja", osvjetljujemo najmanju ili najnižu mjeru vjere – prvu od pet razina vjere. S takvom vjerom zadobiva se sramotno spasenje. Tu mjeru vjere zovemo još i „vjera dječice" ili „vjera sijena". Podrobnim primjerima ovo nas poglavlje potiče na brzo sazrijevanje u vjeri.

U 5. poglavlju, „Vjera nastojanja življenja po Riječi", govori se da se za nas kaže da smo na drugoj razini vjere kada pokušavamo, ali ne uspijevamo poštivati Riječ i jako nam je teško čvrsto se držati svoje vjere u Gospodina na toj razini. Ovo nas poglavlje također uči i kako napredovati u svojoj vjeri do treće razine vjere.

U 6. poglavlju, „Vjera življenja po Riječi", razmatramo kratki proces u kojemu vjera započinje na prvoj razini, sazrijeva do druge razine, prelazi u ranu fazu treće razine i raste u stijenu vjere u kojoj zadobivamo više od 60% treće razine vjere. U ovom poglavlju također opširno opisujemo razliku između rane faze treće razine vjere i stijene vjere, zašto se ne moramo osjećati opterećenima dok stojimo na stijeni vjere, i važnost borbe protiv grijeha sve do prolijevanja vlastite krvi.

U 7. poglavlju, „Vjera da ljubimo Boga do najvišeg stupnja", objašnjavamo raznorazne razlike među ljudima na trećoj razini vjere i ljudima na četvrtoj razini vjere u smislu ljubljenja Gospodina te ispitujemo vrste blagoslova koji bivaju udijeljeni onima koji ljube Gospodina do najvišeg stupnja.

U 8. poglavlju, „Vjera mila Bogu", objašnjavamo kakva je peta razina vjere. Ovo nam poglavlje govori da u cilju zadobivanja pete razine vjere ne samo da se moramo u cijelosti posvetiti poput Henoka, Ilije, Abrahama ili Mojsija, nego i biti vjerni u svim hramovima Božjim izvršavanjem svih dužnosti koje nam je Bog povjerio. Osim toga, moramo biti i savršeni do točke da smo spremni dati čak i svoj život za Gospodina i imati vjeru Kristovu, vjeru cjelokupnog duha. I naposljetku, u ovom poglavlju opisujemo vrste blagoslova koje možemo očekivati kada Bogu omilimo na petoj razini vjere.

Sljedeće nam poglavlje, „Znamenja koja prate one koji budu povjerovali", govori da, kad jednom zadobijemo savršenu vjeru, našu će vjeru pratiti čudesna znamenja. Štoviše, na temelju Isusova obećanja iz Evanđelja po Marku 16:17-18, u ovom se poglavlju pomno ispituju ta znamenja, jedno po jedno. U ovom poglavlju autor također naglašava da bi propovjednik trebao davati snažne poruke koje su popraćene čudesnim znamenjima i koje tim znamenjima svjedoče o živom Bogu kako bi ulili čvrstu vjeru bezbrojnim ljudima, i to u doba kada je svijet pun grijeha i bezakonja.

I naposljetku, u 10. poglavlju, „Različiti stanovi i vijenci na nebesima", stoji da u kraljevstvu nebeskom postoji cijeli niz stanova, da svatko može ući u bolji stan po vjeri, i da se slava i nagrade značajno razlikuju od jednog do drugog kraljevstva nebeskog. Poglavito, kako bismo pomogli čitateljima da pohite k boljem stanu na nebesima u nadi u raj i s vjerom, ovo poglavlje zaključujemo kratkim opisom ljepote u čudesa Novog Jeruzalema u kojemu je prijestolje Božje.

Ako shvatimo da postoje primjetne razlike među stanovima i nagradama na nebesima prema vjeri vjere svakog pojedinca, stav sviju nas u životu u Kristu nedvojbeno će se i temeljito preobraziti.

Nadam se da će svaki čitatelj *Mjere Vjere* zadobiti onu vrstu vjere koja je mila Bogu, primiti sve što zatraži i naveliko Ga slaviti.

Geumsun Vin
Direktor Urredničkog ureda

Sadržaj

Predgovor

Uvod

1.poglavlje
{ Što je to vjera? } • 1

1. Definicija vjere koju Bog prihvaća
2. Moć vjere ne poznaje granice
3. Ovosvjetovna vjera i duhovna vjera
4. Imati duhovnu vjeru

2.poglavlje
{ Rast duhovne vjere } • 25

1. Vjera novorođenčadi/dječice
2. Vjera dječaka
3. Vjera mladića
4. Vjera otaca

3. poglavlje
{ Mjera vjere svakog pojedinoga } • 41

1. Mjera vjere koju udjeljuje Bog
2. Različita mjera vjere svakog pojedinoga
3. Mjera vjere kušana vatrom

4. poglavlje
{ Vjera za zadobivanje spasenja } • 57

1. Prva razina vjere
2. Jeste li primili Duha Svetoga?
3. Vjera zločinca koji se pokajao
4. Ne gasite Duha Svetoga
5. Je li Adam bio spašen?

5.poglavlje
{ Vjera nastojanja življenja po Riječi } • 71

1. Druga razina vjere
2. Najteža faza života u vjeri
3. Vjera Izraelaca tijekom izlaska iz Egipta
4. Osim ako ne povjerujete i ne poslušate
5. Nezreli i zreli kršćani

6.poglavlje
{ Vjera življenja po Riječi } • 89

1. Treća razina vjere
2. Dok se ne dosegne vjera poput stijene
3. Borba protiv grijeha do prolijevanja krvi

7.poglavlje
{ Vjera da ljubimo Boga do najvišeg stupnja } • 113

1. Četvrta razina vjere
2. Vaša duša napreduje
3. Bezuvjetna ljubav prema Bogu
4. Ljubljenje Boga ponad svega drugoga

8.poglavlje
{ Vjera mila Bogu } • 145

1. Peta razina vjere
2. Vjera za žrtvovanje vlastitog života
3. Vjera za činjenje znamenja i čudesa
4. Biti vjeran u Božjem hramu

9.poglavlje
{ Znamenja koja prate one koji budu povjerovali } • 175

1. Izgonjenje zlih duhova
2. Govorenje novim jezicima
3. Uzimanje zmija rukama
4. Ništa smrtonosno neće im nauditi
5. Na bolesnike će stavljati ruke i oni će ozdravljati

10.poglavlje
{ Različiti stanovi i vijenci na nebesima } • 195

1. Raj se zadobiva samo vjerom
2. Navala na kraljevstvo nebesko
3. Različiti stanovi i vijenci na nebesima

1. poglavlje

Što je to vjera?

1
Definicija vjere koju Bog prihvaća
2
Moć vjere ne poznaje granice
3
Ovosvjetovna vjera i duhovna vjera
4
Imati duhovnu vjeru

„Vjera je čvrsto stajanje u onom čemu se nadamo, uvjerenje o stvarima kojih se ne vidi. Zbog nje su pređi primili pohvalno svjedočanstvo. Vjerom doznajemo da je svijet bio stvoren Božjom riječju, tako da je vidljivo stvoreno od nevidljivoga".
(Poslanica Hebrejima 11:1-3)

Mnogo puta u Bibliji vidimo da se uistinu dogodilo ono čemu se ne možemo ni nadati i da je Božjom moći izvedeno i postignuto ono što je nemoguće ljudskom snagom. Mojsije je proveo Izraelićane kroz Crveno more, razdjeljujući ga na dva stupa vode, i oni su prošli kroza nj kao da hodaju po suhoj zemlji. Jošua je razorio grad Jerihon tako što je trinaest puta koračao oko njega. Ilijinom molitvom s nebesa je pala kiša nakon tri i pol godine suše. Petar je učinio da osoba rođena hroma ustane i hoda, dok je apostol Pavao od mrtvih podigao mladića koji je pao s trećeg kata i umro. Isus je hodao po vodi, utišao olujne valove i vjetar, činio da slijepi progledaju i oživio čovjeka koji je bio sahranjen u grobu već četiri dana.

Moć vjere neizmjerna je i s njom je sve moguće. I baš kao što nam Isus govori u Evanđelju po Marku 9:23: *„'Ako možeš'? Sve je moguće onome koji vjeruje!"*, možete primiti sve što zatražite ako imate vjeru koja je Bogu prihvatljiva.

Pa koju onda vjeru Bog prihvaća i kako je možemo zadobiti?

1. Definicija vjere koju Bog prihvaća

Mnogi ljudi danas tvrde da vjeruju u Boga Svemogućega, ali ne primaju Njegov odgovor na svoje molitve jer nemaju istinsku vjeru. U Poslanici Hebrejima 11:6 stoji: *„A bez vjere je* *nemoguće svidjeti se; jer, onaj koji hoće pristupiti Bogu mora povjerovati da postoji Bog i da nagrađuje one koji ga traže".* Bog nam izričito govori da Mu se moramo svidjeti istinskom vjerom.

Ništa nije nemoguće ako imate savršenu vjeru jer je vjera temelj dobrog kršćanskog života i ključ dobivanja odgovora i blagoslova od Boga. No, ipak, mnogo je onih koji ne mogu uživati u Njegovim blagoslovima i zadobiti spasenje jer ne poznaju ili nemaju istinsku vjeru.

Vjera je srž onoga čemu se nadamo, dokaz onoga što se ne vidi

Pa što je to onda vjera koju Bog prihvaća? Rječnik *The Webster's New World College Dictionary* definira „vjeru" kao „neupitno vjerovanje za koje nije potreban dokaz" ili „neupitno vjerovanje u Boga, religijske dogme itd". Vjera je na grčkom pistis, što znači „biti postojan ili vjeran". U Poslanici Hebrejima 11:1 definira se na sljedeći način: *„Vjera je čvrsto stajanje u onom čemu se nadamo, uvjerenje o stvarima kojih se ne vidi".*

„Čvrsto stajanje u onom čemu se nadamo" odnosi se na ono za što se nadamo da se čini stvarnim jer smo toliko sigurni kao da je to već ostvareno. Primjerice, što najviše želi bolesnik koji trpi velike boli? Naravno da je njegova želja ozdravljenje od njegove bolesti i i vraćanje dobrog zdravlja, a on bi trebao imati dovoljno vjere da bude siguran u oporavak. Drugim riječima, dobro zdravlje za njega postaje stvarnost ako ima savršenu vjeru.

Dalje, „uvjerenje o stvarima kojih se ne vidi" odnosi se na

elemente i stvari u koje smo, pomoću duhovne vjere, sigurni, čak i u stvarnosti gdje nije sve vidljivo prostim okom.

Stoga nam vjera omogućuje da vjerujemo da je Bog stvorio sve ni iz čega. Praoci vjere primili su „čvrsto stajanje u onome čemu su se nadali" kao stvarnost s vjerom, i „uvjerenje o stvarima kojih nisu vidjeli" kao opipljive predmete i događaje. Na taj su način doživljavali moć Božju koji sve stvara ni iz čega.

Baš kao i praoci vjere, i oni koji vjeruju da Bog sve stvara ni iz čega mogu povjerovati da je On na početku stvorio sve na nebesima i na zemlji svojom Riječju. Istina je da nitko nije vlastitim očima svjedočio Njegovom stvaranju nebesa i zemlje jer se to zbilo prije nego što je Bog stvorio čovjeka. No, ipak, ljudi s vjerom nikada ne sumnjaju u to da je Bog stvorio sve ni iz čega, baš zato što vjeruju.

Stoga nas Poslanica Hebrejima 11:3 podsjeća: „*Vjerom doznajemo da je svijet bio stvoren Božjom riječju, tako da je vidljivo stvoreno od nevidljivoga*". Kad je Bog rekao: „*Neka bude svjetlost*", i bi svjetlost (Knjiga postanka 1:3). Kad je Bog rekao: „*neka proklija zemlja zelenilom – travom sjemenitom, stablima plodonosnim, koja, svako prema svojoj vrsti, na zemlji donose plod što u sebi nosi svoje sjeme*", sve je bilo kako je Bog zapovjedio (Knjiga postanka 1:11).

Ništa u ovom svemiru vidljivo prostim okom nije načinjeno ni od kakve vrste vidljivih materijala. Unatoč tomu, mnogi misle da je sve načinjeno od vidljivih stvari, ali ne vjeruje da je to sve Bog stvorio ni iz čega. Ti ljudi nikada nisu naučili, vidjeli ni čuli da bi nešto moglo nastati ni iz čega.

Djela poslušnosti dokaz su vjere

Kako biste se nadali onomu što nije moguće i to pretvorili u stvarnost, morate imati dokaz vjere koju Bog odobrava. Drugim riječima, morate pokazati dokaz poslušnosti Riječi Božjoj jer vjerujete u Njegovu Riječ. U Poslanici Hebrejima 11:4-7 spominju se praoci vjere koji su po svojoj vjeri proglašeni pravednima jer su imali i pokazali očite dokaze svoje vjere: Abel je pohvaljen kao pravedan jer je Bogu prinio krvnu žrtvu koja se Bogu svidjela; Henok je pohvaljen kao onaj koji Mu se svidio jer se posve očistio od grijeha; a Noa je postao baštinikom pravednosti jer je vjerom sagradio lađu spasenja.

Hajde da malo preispitamo pripovijest o Kainu i Abelu u Knjizi postanka 4:1-15 kao bismo razumjeli pravu vjeru koja je Bogu prihvatljiva. Kain i Abel bili su sinovi koje su Adam i Eva rodili na zemlji nakon što su izgnani iz Edenskog vrta jer nisu poslušali Božju zapovijed: *„Ali sa stabla spoznaje dobra i zla da nisi jeo!"* (Knjiga postanka 2:17)

Adam i Eva požalili su svoj neposluh jer su počeli doživljavati boli napornog rada u znoju lica svoga i još većih boli pri porodu na prokletoj zemlji. Adam i Eva marljivo su svoju djecu učili važnosti poslušnosti. Zacijelo su i Kaina i Abela učili da moraju živjeti po Riječi Božjoj i naglašavali da nikad ne smiju iskazati neposluh Njegovim zapovijedima.

Osim toga, mora biti da su roditelji rekli svojoj djeci da bi trebali uzeti životinju kao žrtveni prinos i tako Bogu prinijeti krvavu žrtvu za oproštenje svojih grijeha. Dake, Kain i Abel su znali da Bogu moraju prinijeti krvavu žrtvu za oproštenje svojih grijeha.

Nakon što je preoteklo puno vremena, Kain je izdao Boga, baš kao i njegova majka Eva, koja je iskazala neposluh Riječi Božjoj. On je bio poljodjelac i za žrtvu je prinosio žito sa zemlje, kako je on to smatrao prikladnim. Međutim, Abel je bio pastir i za žrtvu je Bogu prinio prvorođeno janje iz svojega stada i njegove masne dijelove, na način koji mu je Bog zapovjedio preko njegovih roditelja. Bog je prihvatio Abelovu žrtvu, ali ne i Kainovu, koji je iskazao neposluh Njegovoj zapovijedi. Kao rezultat toga, Abel je pohvaljen kao pravednik (Poslanica Hebrejima 11:4). Ova pripovijest o Kainu i Abelu uči nas da ti Bog vjeruje i prihvaća te u onoj mjeri u kojoj ti vjeruješ Njegovoj Riječi i bivaš joj poslušan; i slučajevi Mojsija i Henoka također dokazuju tu činjenicu.

Dokaz vjere djela su poslušnosti. Stoga morate zapamtiti da Vas Bog prihvaća i čini postojanima u vjeri kada Mu pokažete dokaz svoje vjere poslušnošću Njegovoj Riječi djelima u svako doba, i kada Mu pokušavate iskazati poslušnost u svim okolnostima.

Vjera donosi odgovore i blagoslove

Dakle, trebali biste slijediti Riječ Božju kako biste mogli vjerom početi od „onoga čemu se nadate" i postići „samu srž onoga čemu ste se nadali". Ako ne slijedite put Božji, baš kao što je i Kain zastranio, zbog toga što je taj put mučan ili težak da biste ga mogli podnijeti, ne možete primiti Božje odgovore i blagoslove prema zakonima duhovnoga kraljevstva.

Poslanica Hebrejima 11:8-19 u pojedinosti nam govori o Abrahamu koji je pokazao svoja djela poslušnosti Riječi Božjoj kao dokaz svoje vjere. Vjerom je ostavio svoju vlastitu zemlju kad mu je Bog to zapovjedio. Čak i kad mu je Bog rekao da za žrtvu prinese svojeg ljubljenog sina jedinca Izaka, kojega mu je Bog podario u dobi od 100 godina, Abraham je smjesta poslušao jer je mislio da će Bog moći oživjeti njegova sina iz mrtvih. Na njega je Bog izlio velike blagoslove i podario mu odgovore jer je njegova vjera dokazana djelima poslušnosti:

> *Anđeo Jahvin zovne Abrahama s neba drugi put i reče: „Kunem se samim sobom, izjavljuje Jahve: Kad si to učinio i nisi mi uskratio svog jedinca sina, svoj ću blagoslov na te izliti i učiniti tvoje potomstvo brojnim poput zvijezda na nebu i pijeska na obali morskoj! A tvoji će potomci osvajati vrata svojih neprijatelja. Budući da si poslušao moju zapovijed, svi će se narodi zemlje blagoslivljati tvojim potomstvom"* (Knjiga postanka 22:15-18).

Osim toga, u Knjizi postanka 24:1 stoji: „*Abraham bijaše već ostario, zašao u godine, Jahve je Abrahama blagoslovio u svemu*". I Jakovljeva poslanica 2:23 također nas podsjeća: „*Tako se ispuni Pismo koje kaže: Vjerova Abraham Bogu i to mu se uračuna u pravednost, te postade Božjim prijateljem*".

Povrh toga, Abraham je bio obilato blagoslovljen na svaki način jer je vjerovao Bogu koji ima kontrolu nad svim stvarima života i smrti, blagoslovima i prokeltstvima, i bio bi za Njega sve učinio. Isto tako ćete i Vi moći uživati u Božjim blagoslovima u svemu što budete poduzimali i primati odgovore na sve što zapitate tek kada shvatite ispravnu definiciju vjere i pokažete dokaz svoje vjere djelima savršene poslušnosti, baš kao što je to i Abraham više puta učinio.

2. Moć vjere ne poznaje granice

Vjerom možete biti u dioništvu s Bogom jer je vjera poput prvih vrata duhovnog kraljevstva u četverodimenzionalnom svijetu. Tek kad prođete kroz ta prva vrata, otvorit će se vaše duhovne uši pa ćete biti kadri čuti Riječ Božju, a otvorit će se i Vaše duhovne oči pa ćete biti kadri vidjeti duhovno kraljevstvo. Kao rezultat toga, živjet ćete po Riječi Božjoj, primat ćete sve što s vjerom zatražite i živjet ćete radosno s nadom u kraljevstvo nebesko. Štoviše, kad Vam je srce ispunjeno radošću i zahvalnošću i kad se nada u nebesa prelijeva u Vašem životu, ljubit ćete Boga iznad svega ostalog i nastojat ćete Mu se svidjeti.

Tad ovaj svijet više neće biti dostojan ni Vas ni Vaše vjere jer, ne samo da ćete postati svjedokom Gospodinovim snagom koju će Vam uliti Duh Sveti, nego ćete biti vjerni čak i do smrti i ljubiti Boga svim svojim životom, baš poput apostola Pavla.

Ovaj svijet nije dostojan moći vjere

Opisujući moć vjere, Poslanica Hebrejima 11:32-38 donosi prikaz vjere praotaca:

I što da još kažem? Nedostajalo bi mi i vremena, kad bih htio ispripovjediti o Gideonu, Baraku, Samsonu, Jefti, Davidu te Samuelu i prorocima; oni vjerom svladaše kraljevstva, izvršiše pravednost, postigoše obećanja, zatvoriše ždrijela lavovima, ugasiše žestinu ognja, umaknuše oštrici mača, ozdraviše od bolesti, postadoše junaci u ratu, nagnaše u bijeg tuđe bojne redove. Neke žene ponovno primiše svoje mrtve uskrsnućem. Jedni odbijajući oslobođenje biše mučeni na kolu da postignu bolje uskrsnuće. Drugi, opet, iskusiše izrugivanja i bičeve, pa još okove i tamnice. Biše kamenovani, stavljeni na kušnju, raspiljeni; poginuše mačem; išli su amo-tamo u ovčjim kožusima i kozjim kožama, oskudni, pritiješnjeni i zlostavljani – oni kojih svijet ne bijaše dostojan – lutali su po pustinjama, gorama, pećinama i zemaljskim jazbinama.

Oni čije vjere ovaj svijet nije dostojan mogu napustiti ne samo svoje zemaljske časti i blaga, nego i svoje živote. Baš kao što stoji u Prvoj Ivanovoj poslanici 4:18: „*Nema straha u ljubavi; naprotiv, savršena ljubav istjeruje strah. Jer, strah pretpostavlja kaznu. A tko se boji nije savršen u ljubavi*", strah će Vas napuštati ovisno o mjeri vaše ljubavi.

Što je nemoguće ljudskom snagom, postaje moguće Božjom moći. Jedan od Njegovih proroka, Ilija, svjedočio je o živom Bogu tako što je s neba izazvao oganj. Ekiša je spasio svoju zemlju spoznajom, nadahnut Duhom Svetim, o točnom mjestu neprijateljskog logora. Daniel je preživio u jazbini gladnih lavova.

U Novom zavjetu mnogi su oni koji su napustili svoje živote radi evanđelja Gospodnjeg. Jakov, jedan od dvanaestorice učenika našeg Gospodina Isusa, postao je prvim mučenikom od sviju njih jer je ubijen mačem. Petar, glavni učenik Isusa Krista, razapet je naopačke. U svojoj velikoj ljubavi prema Gospodinu apostol Pavao radovao se i bio zahvalan Bogu čak i u tamnici premda su ga gotovo ubili i bičevali više puta. Na koncu su mu odsjekli glavu i postao je velikim mučenikom za Gospodina. Osim toga, brojne su kršćane proždrli lavovi u rimskom Koloseumu ili su morali živjeti u katakombama, a da nisu ugledali danje svjetlo sve do svoje smrti zbog oštrih progona Rimskoga carstva. Apostol Pavao čvrsto se držao svoje vjere u svim okolnostima i velikom je vjerom nadvladao ovaj svijet. Dakle, on bi mogao priznati: *„Tko će nas rastaviti od ljubavi Kristove? Nevolja? Ili tjeskoba? Ili progonstvo? Ili glad? Ili golotinja? Ili pogibao? Ili mač?"* (Poslanica Rimljanima 8:35)

Vjera daje odgovore na sve probleme

Sjetimo se događaja kada je Isus vidio vjeru uzetoga i njegovih prijatelja, i kada mu je rekao u Evanđelju po Marku 2, *„Sinko, opraštaju ti se grijesi!"* (redak 5) i kada je uzeti ozdravljen istog trena na licu mjesta. Kad su ljudi čuli da je Isus u Kafarnaumu, mnogi su se ondje okupili i nije bilo više mjesta, čak ni pred vratima. Uzeti, kojega su nosila četvorica njegovih prijatelja, nije mogao doći pred Isusa od mnoštva naroda, pa su njegovi prijatelji načinili otvor u krovu iznad Isusa i, nakon što su ga iskopali, spustiše postelju na kojoj je ležao njihov uzeti prijatelj. Isus je njihovo djelo smatrao dokazom vjere i oprostio je uzetome njegove grijehe, govoreći: *„Sinko, opraštaju ti se grijesi!"* (redak 5).

Međutim, ondje su sjedili neki književnici koji su bili skeptični i koji su u svojim srcima mislili: "*Kako ovaj može ovako govoriti? Pogrđuje Boga! Tko može opraštati grijehe osim jedinoga Boga?*" (redak 7) Njima Isus reče:

> *Isus odmah prozre da tako misle u svojim srcima, pa im rekne: "Zašto tako mislite u srcima svojim? Što je lakše, uzetom reći: ,Opraštaju ti se grijesi', ili reći: ,Ustani, uzmi svoju postelju i hodaj!'"?* (retci 8-9)

Potom je Isus zapovjedio uzetome: "*Zapovijedam ti, ustani, uzmi postelju svoju i idi kući svojoj!*" (redak 11) Čovjek koji je bio uzet ustade, uze svoju postelju i odmah iziđe na očigled sviju. Svi su se snebivali, slavili Boga i govorili: "*Tako nešto još nigda nismo vidjeli!*" (redak 12)

Ova nam pripovijest govori da se svi problemi u našim životima mogu riješiti kad nam se s vjerom oproste grijesi. A to je zato što je Isus, naš Spasitelj, prije dvije tisuće godina otvorio put spasenja otkupljujući nas od svih vrsta problema u životu, kao što su grijeh, smrt, siromaštvo, bolesti i tako dalje (Više o tome pisao sam u knjizi *Poruka Križa*).

Možete primiti sve što zaištete ako su Vam oprošteni grijesi zbog toga što niste živjeli po Riječi Božjoj. On Vam u Prvoj Ivanovoj poslanici 3:21-22 obećava: "*Ljubljeni, ako nas srce ne osuđuje, imamo pouzdanje u Boga. I što god da ga molimo, primamo od njega, jer vršimo njegove zapovijedi i činimo što mu se sviđa*". Na taj način ljudi, koji nemaju zida grijeha pred Bogom, mogu od Njega sve hrabro moliti i primiti sve što su tražili. Stoga, u Evanđelju po Mateju 6 Isus naglašava da se ne biste smjeli tjeskobno bojati u što ćete se obući, što ćete pojesti ili što ćete popiti i gdje ćete živjeti, nego da, umjesto toga, najprije tražite pravednost Božju i Njegovo kraljevstvo:

> *Zato vam velim: Ne brinite se tjeskobno za svoj život: što ćete pojesti ili što ćete popiti; niti za svoje tijelo: u što ćete se obući! Zar nije život nešto veće nego hrana, a tijelo nego odijelo? Pogledajte ptice nebeske! Ne siju i ne žanju i ne sabiru u žitnice, pa ipak ih vaš Otac nebeski hrani. Zar vi niste mnogo više vrijedni nego one? Tko od vas može, ako se i brine, dodati svome vijeku jedan lakat? I za odijelo zašto se tjeskobno brinete? Promotrite kako poljski ljiljani rastu! Ne trude se i ne predu. A ja vam kažem da se ni Salomon u svoj raskoši svojoj nije zaodjenuo kao jedan od njih. Pa ako, dakle, Bog poljsku travu, koja danas jest, a sutra se baca u peć, tako odijeva, neće li mnogo prije vas, malovjerni!? Ne zabrinite se tjeskobno i ne recite: Što ćemo pojesti ili što ćemo popiti, ili u što ćemo se obući!? – to sve traže pogani – jer zna Otac vaš nebeski da vam je to sve potrebno, nego najprije tražite kraljevstvo Božje i njegovu pravednost, a to će vam se sve dodati!*
> (Evanđelje po Mateju 6:25-33)

Ako uistinu vjerujete u Riječ Božju, najprije ćete tražiti Njegovo kraljevstvo i Njegovu pravednost. Božjim se obećanjima može vjerovati kao potpisanim čekovima, a On dodaje sve ono što Vam je potrebno u skladu sa svojim obećanjem tako da nećete zadobiti samo spasenje i život vječni, nego i da možete napredovati u svemu što činite u ovom životu.

Vjera kontrolira čak i prirodne pojave

U Evanđelju po Mateju 8:23-27 spoznajemo snagu vjere koja Vas štiti od svakog opasnog nevremena i klime i koja Vam omogućuje da ih kontrolirate. Uistinu, s vjerom je sve moguće.

Kad uđe u lađicu, pođoše za njim njegovi učenici. I, evo, nastade na moru veliko gibanje tako da valovi gotovo pokriše lađicu, a sam spavaše. Tada pristupiše učenici k njemu, probudiše ga i rekoše mu: ,,Gospodine, spasi, ginemo!" ,,Malovjerni – reče im – zašto se toliko strašite?" Potom ustade, zapovjedi vjetrovima i moru, i nastade duboka tišina. A ljudi u čudu rekoše: ,,Kakav je ovaj zbog čega mu se štoviše vjetrovi i more pokoravaju?"

Ova nam pripovijest kazuje da se ne moramo bojati nikakve strašne oluje niti valova, nego da čak možemo kontrolirati takve prirodne pojave jedino ako imamo vjere. Ako želimo doživjeti moćnu snagu vjere, koja može kontrolirati nevrijeme i klimu, moramo imati sigurno uvjerenje kakvo je imao Isus, s kojim je sve moguće. I zato nas u Poslanici Hebrejima 10:22 podsjećaju: *,,Pristupajmo iskrena srca i sa sigurnim uvjerenjem pošto smo očistili srca od zle savjesti i oprali tijelo čistom vodom".*

Biblija nam govori da možemo primiti odgovore na sve što

zaištemo i učiniti i veće stvari od onih koje je Isus činio ako imamo sigurno uvjerenje.

Zaista, zaista, kažem vam, tko vjeruje u me, i on će činiti djela koja ja činim. Činit će čak veća od ovih, jer ja idem k Ocu. I što god zamolite u moje Ime, učinit ću to da se proslavi Otac u Sinu (Evanđelje po Ivanu 14:12-13).

Dakle, morate razumjeti da je snaga vjere iznimno velika i zadobiti onu vrstu vjere koju Bog od Vas traži i koja Mu je mila. Tek tada, ne samo da ćete dobiti odgovore na sve što zaištete, nego ćete činiti i veća djela od onih koje je Isus činio.

3. Ovosvjetovna vjera i duhovna vjera

Kad je Isus rekao stotniku koji Mu je došao s vjerom: „*Neka ti bude kako si vjerovao!*", stotnikov sluga je ozdravio u taj čas (Evanđelje po Mateju 8:13). Na taj način istinsku vjeru prate Božji odgovori. Pa zašto, onda, toliki ne mogu dobiti uslišenje svojih molitava, čak i ako tvrde da vjeruju u Gospodina?

To je zato što postoji duhovna vjera, po kojoj možete ostvariti dioništvo s Bogom i dobiti od Njega uslišanje svojih molitava, i ovosvjetovna vjera, po kojoj ne možete dobiti uslišenje jer ona nema nikakve veze s Njim. Hajde da se malo pozabavimo razlikama između te dvije vrste vjere.

Ovosvjetovna vjera je vjera kao znanje

„Ovosvjetovna vjera" odnosi se na onu vrstu vjere po kojoj vjerujete u nešto zato što to vidite svojim očima i zato što je to u skladu s Vašim znanjem ili zdravim razumom. Ta se vrsta vjere često naziva „vjera kao znanje" ili „vjera u skladu s razumom".

Primjerice, oni koji ne samo da su vidjeli proces proizvodnje drvenog stola, nego su i čuli za njega, nedvojbeno će vjerovati kad im netko kaže: „Stol je načinjen od drva". Svi mogu imati tu vrstu vjere jer onda vjerujemo da je nešto načinjeno od nečega. To jest, uvijek mislimo da je potrebno nešto vidljivo da bi se načinilo nešto drugo.

Ljudi ubacuju i pohranjuju znanje u sustav svojeg pamćenja u mozgu od trenutka rođenja. Oni pamte ono što vide, što čuju i što nauče od svojih roditelja, braće i sestara, susjeda ili u školi i koriste se znanjem pohranjenim u mozgu kad im je ono potrebno.

U tom pohranjenom znanju brojne su neistine koje se protive Riječi Božjoj. Njegova je Riječ istina koja se nikad ne mijenja, ali većina Vašeg znanja je neistina koja se mijenja kako vrijeme prolazi. Unatoč tome, ljudi neistinu smatraju istinom jer ne znaju što to točno jest istina. Primjerice, ljudi teoriju evolucije smatraju istinitom jer su ih tome učili u školi. Dakle, oni ne vjeruje da nešto može nastati ni iz čega.

Ovosvjetovna vjera je mrtva vjera bez djela

Kao prvo, ljudi koji imaju ovosvjetovnu vjeru ne mogu prihvatiti da je Bog stvorio nešto ni iz čega, čak ni ako idu u crkvu i slušaju Riječ Božju, jer je znanje koje su sakupili od rođenja u proturječju s Njegovom Riječi. Oni ne vjeruju u čudesa o kojima piše Biblija. Oni vjeruju u Riječ Božju kad su napunjeni Duhom Svetim i milošću, ali smjesta počinju sumnjati u nju kad izgube tu milost. Čak počinju misliti da su molitve koje im je Bog uslišao uslišane slučajno.

Shodno tome, ljudi koji imaju ovosvjetovnu vjeru u svojim srcima su u sukobima, i ne priznaju svoju vjeru iz dna svojih srca iako svojim ustima tvrde da vjeruju. Oni nemaju ni dioništvo s Bogom niti ih On ljubi jer ne žive po Njegovoj Riječi.

Evo primjera. Uglavnom je ispravno osvetiti se svojemu neprijatelju, ali Biblija nas uči da moramo ljubiti svoje neprijatelje i okrenuti lijevi obraz kad nas netko udari po desnom. Osoba s ovosvjetovnom vjerom mora uzvratiti udarac kako bi osjetila zadovoljštinu kad nju netko udari. A kako je cijeli svoj život živjela na takav način, mnogo joj je lakše mrziti, zavidjeti ili biti ljubomorna na druge. Također, veliki joj je teret živjeti po Riječi Božjoj i ne može živjeti u zahvalnosti i radosti jer to nije u skladu s njezinim mislima.

Baš kao što nalazimo u Jakovljevoj poslanici 2:26: *"Jer, kao što je tijelo mrtvo bez duha, tako je i vjera mrtva bez djelâ"*, ovosvjetovna je vjera mrtva vjera bez djelâ. Ljudi koji imaju ovosvjetovnu vjeru ne mogu primiti ni spasenje niti uslišanje svojih molitava od Boga. O tomu nas Isus govori ovako: *"Neće svaki koji mi govori: ,Gospodine, Gospodine!' ući u kraljevstvo nebesko, nego onaj koji vrši volju moga nebeskog Oca"* (Evanđelje po Mateju 7:21).

Bog prihvaća duhovnu vjeru

Duhovnu vjeru imate kada vjerujete, čak i onda kad golim okom ne vidite ništa ili kad se nešto ne slaže s Vašim vlastitim znanjem i mislima. To znači vjerovati da je Bog stvorio nešto ni iz čega.

Ljudi koji imaju duhovnu vjeru vjeruju bez ikakve dvojbe da je Bog stvorio i nebo i zemlju svojom Riječju i da je sačinio čovjeka od zemaljske prašine. Duhovna vjera nije nešto što imate zato što to želite; nju daruje samo Bog. Ljudi koji imaju duhovnu vjeru nedvojbeno vjeruju u čudesa zabilježena u Bibliji pa im ne pada teško živjeti po Riječi Božjoj i oni primaju odgovore na sve što zaištu s vjerom.

Bog prihvaća duhovnu vjeru popraćenu djelima i po njoj možete biti spašeni, uzići na nebo i primiti uslišanje svojih molitava.

Duhovna vjera je „živa vjera" popraćena djelima

Kada imate duhovnu vjeru, Bog Vas prihvaća i jamči Vam život s uslišanjima molitava i blagoslovima. Primjerice, pretpostavimo da dva poljodjelca rade na zemlji svojeg gospodara. U istim okolnostima jedan požanje pet vreća riže, a drugi tri vreće. S kojim od te dvojice poljodjelaca će gospodar biti zadovoljniji? Naravno da će poljodjelac s pet vreća riže biti omiljeniji i miliji gospodaru.

Dva poljodjelca žanju različit urod na istoj zemlji u skladu sa svojim trudom. Mora biti da je poljodjelac koji je požnjeo pet vreća riže revno čupao korov i često zalijevao usjeve u znoju lica svoga. Za razliku od njega, drugi poljodjelac nije mogao požnjeti više od tri vreće riže jer je bio lijen i toliko je zanemarivao svoj posao.

Bog svakoj osobi sudi prema njegovim ili njezinim plodovima. Tek kada pokažete svoju vjeru djelima, On će je smatrati duhovnom vjerom i blagoslovit će Vas.

One noći, kad je Isus uhićen, jedan od Njegovih učenika, Petar, govori Mu: *„Ako se doista i svi pokolebaju zbog tebe, ja se neću nikada pokolebati"* (Evanđelje po Mateju 26:33). Međutim, Isus mu na to reče: *„Zaista, kažem ti, još ćeš me noćas, prije nego pijetao zapjeva, triput zatajiti"* (redak 34). Petar je priznao svoju vjeru cijelim svojim srcem, ali isus je znao da će Ga Petar izdati kad mu se život nađe u pogibelji.

Petar tad još uvijek nije bio primio Duha Svetoga i uistinu je zatajio Isusa triput kad mu se život našao u pogibelji nakon Isusova uhićenja. Međutim, Petar se u cijelosti preobrazio nakon što je primio Duha Svetoga. Njegova vjera kao znanje pretvorila se u duhovnu vjeru, a on je postao apostol koji je imao moć hrabrog naviještanja evanđelja. Krenuo je putom pravednosti sve dok ga nisu razapeli naopačke.

Dakle, kada imate duhovnu vjeru, možete vjerovati Bogu i biti Mu poslušni u svakoj situaciji. Kako biste zadobili duhovnu vjeru, morate nastojati biti do kraja poslušni Riječi Božjoj i zadobiti nepromjenjivo srce. Živom duhovnom vjerom popraćenom djelima možete zadobiti spasenje i život vječni, preobraziti se u osobu od savršene istine i uživati brojne blagoslove u duhu i u tijelu.

Međutim, s mrtvom ovosvjetovnom vjerom bez djela ne možete ni zadobiti spasenje niti primiti uslišanje svojih molitava od Boga bez obzira koliko to nastojali postići i koliko dugo išli u crkvu.

4. Imati duhovnu vjeru

Kako svoju ovosvjetovnu vjeru možete preobraziti u duhovnu vjeru i ostvariti „sve čemu se nadate" i vidjeti „sve što ne vidite"? Što morate učiniti da biste imali vjere?

Odbacivanje ovosvjetovnih misli i teorija

Veliki dio znanja koje ste stekli od rođenja sprječava Vas u zadobivanju duhovne vjere jer se ono protivi Riječi Božjoj. Primjerice, teorija poput teorije evolucije niječe da je Bog stvorio svemir. Kao rezultat toga, sljedbenici evolucije ne mogu vjerovati da Bog stvara nešto ni iz čega. Kako da povjeruju u: „*Na početku Bog stvori nebo i zemlju*" (Knjiga postanka 1:1)?

Dakle, da biste zadobili duhovnu vjeru, morate razoriti sve misli koje se protive Riječi Božjoj i sve teorije, kao što je teorija evolucije, koje Vas ometaju u vjerovanju u Njegovu Riječ u Bibliji. Sve dok se ne riješite svojih misli i teorija koje se protive Nejgovoj Riječi, ne možete vjerovati u Riječ Božju zapisanu u Bibiliji, bez obzira koliko se trsili vjerovati.

Štoviše, bez obzira koliko revno možda idete u crkvu i nazočite svetoj misi, ne možete imati duhovnu vjeru. I upravo je zbog toga mnoštvo ljudi daleko od puta spasenja i ne primaju uslišanje svojih molitvi od Boga, čak i ako redovito idu u crkvu.

Apostol Pavao imao je samo ovosvjetovnu vjeru prije nego što je susreo Gospodina Isusa u viđenju na putu u grad Damask. Nije prepoznao Isusa kao Spasitelja svih ljudi, nego je u tamnicu bacio i progonio brojne kršćane.

Stoga, trebali biste odbaciti svaku vrstu svojih misli i teorija koje se protive Riječi Božjoj kako biste svoju ovosvjetovnu vjeru preobrazili u duhovnu vjeru. Kroz apostola Pavla Bog nas podsjeća na sljedeće:

Oružje, naime, kojim se borimo je veoma snažno da sruši utvrde; razara mudrolije i svu uznositost koja se uzdiže protiv spoznaje Boga. Zarobljujemo svako mišljenje, tako da se Kristu pokorava; mi smo odlučili kazniti svaki neposluh čim budete zaista poslušni (Druga poslanica Korinćanima 10:4-6).

Pavao je uspio postati velikim navjestiteljem evanđelja tek nakon što je zadobio duhovnu vjeru razaranjem svih vrsta misli, teorija i argumenata, koji su se protivili Bogu. Preuzeo je vodstvo u pokrštavanju pogana i postao kamenom temeljcem svjetske misije. Na kraju je Pavao uspio hrabro priznati sljedeće:

Ali, što god mi bijaše dobitak, to sam smatrao zbog Krista gubitkom. Pa, štoviše, i sve smatram gubitkom, jer spoznaja Krista Isusa, moga Gospodina, sve nadilazi. Radi njega sve pregorih i sve smatram blatom da Krista dobijem i budem u njemu, nemajući pravednosti svoje – one koja potječe od Zakona – nego onu koja potječe vjerom u Krista, pravednosti koju Bog daruje na osnovi vjere (Poslanica Filipljanima 3:7-9).

Žedno učenje Riječi Božje

Poslanica Rimljanima 10:17 uči nas sljedeće: *"Prema tome, vjera se osniva na poruci, a poruka na riječi Kristovoj".* Morate slušati Riječ Božju i naučiti je; jer ako ne poznajete Riječ Božju, ne možete ni živjeti po njoj. Ako ne djelujete po Riječi Božjoj, nego ako ste je samo spremili kao znanje, On Vam ne može dati duhovnu vjeru jer biste mogli postati ponosni na svoje znanje.

Pretpostavimo da ima neka djevojka koja se nada da će postati čuvena pijanistica. Bez obzira koliko puta ona pročitala priručnike i naučila teorije, ne može postati slavnom pijanisticom bez vježbanja. Na isti takav način, ako ne slušate Riječ Božju, nema nikakve svrhe u tome koliko čitate, slušate i učite je. Duhovnu vjeru možete imati samo kada djelujete po Riječi Božjoj.

Poslušnost Riječi Božjoj

Stoga, morate vjerovati u živoga Boga i držati se Njegove Riječi u svim okolnostima. Ako bez ikakve dvojbe vjerujete u Njegovu Riječ nakon što je poslušate, bit ćete joj poslušni. Kao rezultat toga, imat ćete uvjerenje u svom srcu jer se Riječ Božja ostvaruje u stvarnosti. Nakon toga ćete još više nastojati živjeti po Riječi Božjoj.

Ponavljanjem tog procesa zadobit ćete vjeru koja Vam omogućuje da u cijelosti budete poslušni Riječi Božjoj, a Njegova će milost i snaga sići na Vas. Napunit ćete se Duha Svetoga i sve će biti dobro.

U doba izlaska iz Egipta bilo je najmanje šest stotina tisuća izraelskih muškaraca starijih od dvadeset godina. Međutim, naposljetku su samo njih dvojica – Jošua i Kaleb – uspjeli ući u Obećanu zemlju kanaansku. Osim njih dvojice, nijedan drugi nije uzvjerovao Božjem obećanju u svom srcu i nije Ga poslušao. U Knjizi brojeva 14:11 Jahva reče Mojsiju: *„Dokle će me taj narod prezirati? Dokle mi neće vjerovati unatoč svim znamenjima što sam ih među njima izvodio?"*

Oni su dobro poznavali Boga i, budući da su svjedočili Njegovoj moći koja je donijela deset pošasti na Egipat i razdijelila crveno more na dva dijela, mislili su da i vjeruju u Njega. Doživjeli su Božje vodstvo i pristunost po stupu ognja noću i stupu oblaka danju, a jeli su i manu koja je svaki dan padala s neba.

Unatoč tomu, kad im je Bog zapovjedio da uđu u zemlju kanaansku, oni Ga nisu poslušali jer su se bojali Kanaanaca. Umjesto toga, žalili su se i protivili i Mojsiju i Aronu. I to zato što nisu imali duhovne vjere da budu poslušni Bogu iako su imali ovosvjetovnu vjeru nakon što su više puta vidjeli i čuli čudesna djela Božje moći.

Za zadobivanje duhovne vjere morate vjerovati u Boga i biti poslušni Njegovoj Riječi u svako doba. Ako Ga istinski ljubite, bit ćete Mu poslušni, a On će zauzvrat uslišati sve Vaše molitve i na kraju Vas odvesti u život vječni.

Poslanica Rimljanima 10:9-10 podsjeća nas: *„Ako, naime, ustima svojim priznaš: ,Isus je Gospodin', a u srcu svojemu povjeruješ: ,Bog ga je uskrisio od mrtvih', bit ćeš spašen. Tko,* *naime, srcem vjeruje, a ustima priznaje, postići će pravednost i spasenje".*

„Vjerovati srcem" ne odnosi se na vjeru kao znanje, nego na duhovnu vjeru po kojoj bez ikakvih dvojbi vjerujete u nešto u svojem srcu. Oni koji vjeruju u Riječ Božju u svojim srcima i koji su joj poslušni, postaju pravednici i postupno sve više nalik na sliku Gospodnju. Njihovo priznanje: „Ja vjerujem u Gospodina" istinito je i oni će zadobiti spasenje.

U Ime Gospodnje molim da imate duhovnu vjeru popraćenu djelima kako biste bili poslušni Riječi Božjoj! Tek ćete Mu onda omiljeti i uživat ćete u životu punom Njegove snage po kojoj je sve moguće.

2. poglavlje

Rast duhovne vjere

1
Vjera novorođenčadi/dječice
2
Vjera dječaka
3
Vjera mladića
4
Vjera otaca

„Dječice, pišem vama,
jer su vam oprošteni grijesi
po njegovu Imenu.
Oci, pišem vama,
jer ste spoznali onoga koji je od iskona.
Mladići, pišem vama,
jer ste pobijedili Zloga.
Dječaci, pišem vama,
jer ste spoznali Oca.
Oci, pišem vama,
jer ste spoznali onoga koji je od iskona.
Mladići, pišem vama,
jer ste jaki,
jer u vama ostaje riječ Božja
i jer ste pobijedili Zloga".
(Prva Ivanova poslanica 2:12-14)

Možete uživati u pravima i blagoslovima djece Božje ako imate duhovnu vjeru. Ne samo da ćete zadobiti spasenje i otići u raj, nego će Vam sve molitve bbiti uslišane. Osim toga, ako imate Bogu milu vjeru jer ste poslušni Njegovoj Riječi, po Vašoj je vjeri sve moguće. I zato nam Isus i govori u Evanđelju po Marku 16:17-18: *„Ova će znamenja pratiti one koji budu povjerovali: mojim će Imenom izgoniti zle duhove; govorit će novim jezicima; zmije će uzimati rukama i, ako popiju što smrtonosno, doista im neće nauditi; na bolesnike će stavljati ruke, i oni će ozdravljati!"*

Malo gorušičino zrno narast će u veliko stablo

Isus je svojim učenicima govorio da su malovjerni kad je vidio da nisu u stanju izgoniti zle duhove, a dodao je da je sve moguće čak i s vjerom malom kao gorušičino zrno. U Evanđelju po Mateju 17:20 On kaže: *„Zbog vaše nevjere – odgovori im. – Zaista, kažem vam, ako imadnete vjere koliko gorušičino zrno te reknete ovoj gori: ,Prijeđi odavde onamo', prijeći će; i ništa vam neće biti nemoguće".*

Gorušičino zrno je maleno poput traga koji kemijska olovka ostavi na listu papira. Pa ipak, i s toliko malenom vjerom možete pomicati gore s jednog mjesta na drugo i ništa Vam nije nemoguće.

Imate li vjeru malu kao gorušičino zrno? Pomiče li se gora s jednog mjesta na drugo na Vašu zapovijed? Je li Vama sve moguće? Budući da nikako ne možete razumjeti što značu ovaj odlomak, a da prvo ne razumjete u cijelosti njegovo duhovno značenje, hajde da se njime pozabavimo pomoću usporedbe s gorušičinim zrnom koju nam je Isus dao:

> *Kraljevstvo je nebesko slično gorušičinu zrnu koje netko uze i posija na svojoj njivi. Ono je, svakako, najsitnije od svega sjemena, ali kad uzraste, bude veće od drugoga povrća; razvije se u stablo, tako da dolaze ptice nebeske i gnijezde se u njegovim granama* (Evanđelje po Mateju 13:31-32).

Gorušičino zrno manje je od sveg ostalog sjemena, ali kad uzraste i pretvori se u veliko stablo, mnoge ptice dolijeću i gnijezde se u njegovim granama. Isus se poslužio usporedbom s gorušičinim zrnom kako bi nas naučio da možemo pomicati gore s jednog mjesta na drugo i da nam je sve moguće kad malo naše vjere sazrije. Isusovi učenici trebali su imati veliku vjeru po kojoj je sve moguće jer su mnogo vremena proveli s Njim i iz prve ruke vidjeli brojna čudesna djela Božja. Međutim, budući da nisu imali veliku vjeru, Isus ih je ukorio.

Cijela mjera vjere

Kada jednom primite Duha Svetoga i zadobijete duhovnu vjeru, Vaša bi vjera trebala sazreti do cijele mjere koja sve čini mogućim. Bog Vam želi uslišati svaku molbu povećavanjem Vaše vjere.

Poslanica Efežanima 4:13-15 podsjeća nas: *„Dok svi ne dođemo k jedinstvu u vjeri i u spoznaji Sina Božjega, k savršenom čovjeku, k mjeri veličine punine Kristove: da ne budemo više malodobni, igra valova, amo-tamo tjerani svakim vjetrom nauka, izručeni ljudskoj prijevari, prepredenosti koja vodi u zabludu. Štoviše, vođeni ljubalju držimo se istine i u svakom pogledu uzrastimo dok ga ne dosegnemo. On, Krist, jest Glava".*

Prirodno je da se, kad se novorođenče rodi, njegovo rođenje registrira u nadležnom tijelu, a potom ono naraste u dijete, potom u mladića. U odgovarajuće vrijeme on će se oženiti, izroditi djecu i postati otac.

Na isti taj način, ako postanete dijete Božje putem Isusa Krista i ako Vaše ime bude zabilježeno u Knjizi života u kraljevstvu nebeskom, i Vaša bi vjera trebala svakodnevno rasti kako bi dosegnula vjeru dječaka, mladića, a potom i otaca.

Zato nas Prva poslanica Korinćanima 3:2-3 uči: *„Mlijekom vas hranih, ne tvrdim jelom, jer ga još niste mogli podnositi. Čak ni sada još ne možete, jer ste još tjelesnici. Kad, naime, među vama ima zavisti i svađa, zar niste tjelesnici, to jest zar ne živite čisto po ljudsku?"*

I baš kao što novorođenče mora piti mlijeko da bi preživjelo, tako i duhovno novorođenče mora piti duhovno mlijeko da bi naraslo. Pa kako, onda, duhovno novorođenče može narasti i postati ocem?

1. Vjera novorođenčadi/dječice

U Prvoj Ivanovoj poslanici 2:12 stoji: *"Dječice, pišem vama, jer su vam oprošteni grijesi po njegovu Imenu"*. Ovaj nam redak govori da će se nekome, tko nije spoznao Boga, oprostiti grijesi kada prizna Isusa Krista i primi pravo da postane djetetom Božjim preko Duha Svetoga koji će se nastaniti u njegovu srcu (Evanđelje po Ivanu 1:12).

Ni po čemu, osim po Imenu Isusa Krista, ne mogu Vam se oprostiti grijesi i ne možete zadobiti spasenje. Međutim, tjelesni ljudi smatraju kršćanstvo vrstom religije koja je dobra za psihičko zdravlje i postavljaju pitanje vrijedno ukora: „Zašto govorite da možemo biti spašeni jedino putem Isusa Krista?"

Pa zašto je Isus Krist naš jedini Spasitelj? Ljudi se ne mogu spasiti ni po čijem drugom imenu, osim po Imenu Isusa Krista, i grijesi im se mogu oprostiti samo putem krvi Isusove koji je umro na križu.

U Djelima apostolskim 4:12 stoji: *"Nema spasenja ni u komu drugomu, jer pod nebom nema drugoga imena koje je dano ljudima po kojem treba da budemo spašeni"*, a u Djelima apostolskim 10:43 stoji: *"Za njega svjedoče svi proroci da po Imenu njegovu primi oproštenje grijeha svatko tko u nj vjeruje"*. Dakle, providnošću i voljom Božjom ljudi bivaju spašeni po Isusu Kristu.

Kroz cijelu povijest čovječanstva bilo je onih koje su zvali „velikim" ili „veličanstvenim" ljudima, kao što su Sokrat, Konfucije, Buddha i njima slični. Međutim, s Božjeg stajališta oni su svi bili puka stvorenja i grješnici jer su svi ljudi rođeni s iskonskim grijehom koji su naslijedili od Adama, koji je počinio grijeh neposluha, i svojih otaca.

No ipak, Isus je imao duhovnu moć i prikladne osobine da bude Spasitelj čovječanstva: On nije imao iskonskoga grijeha jer je začet po Duhu Svetomu. On također nije sam počinio grijeha tijekom svojeg života. Na taj je način imao snagu da spasi čovječanstvo jer je bio besprijekoran i jer je ljubio žrtvu, pa je čak i vlastiti život žrtvovao za grješnike.

Stoga, ako vjerujete da je Isus Krist jedini pravi put spasenja i ako Ga prihvatite kao svojeg Spasitelja, bit će Vam oprošteni svi grijesi, primit ćete Duha Svetoga kao dar Božji i bit ćete opečaćeni kao Njegovo dijete.

Vjera zločinca raspetog zajedno s Isusom

Kad je Isus bio razapet na križ kako bi na sebe uzeo grijehe čovječanstva, jedan od dvojice zločinaca razapetih s Njim pokajao se za svoje grijehe i priznao Isusa svojim Spasiteljem tik pred smrt. Kao rezultat toga, on je bio zapečaćen kao dijete Božje i ušao je u raj. Sve one koji su ponovno rođeni prihvaćanjem Isusa Krista Bog naziva: „Moja dječica!"

Neki bi mogli argumentirati: „Zločinac je prihvatio Isusa Krista kao svojeg Spasitelja i bio je spašen tik pred smrt. Ja ću uživati na ovom svijetu koliko god želim i prihvatiti Isusa Krista kao svojeg Spasitelja tik pred smrt. Pa ipak ću opet otići u raj!" Međutim, takva je zamisao potpuno pogrešna.

Kako je zločinac uspio prihvatiti Isusa, kojega su zli ljudi izvrgnuli ruglu i koji je upravo umirao na križu? Zločinac je već mislio da bi Isus mogao biti Mesija kad je poslušao Njegove poruke. Priznao je svoju vjeru u Isusa i priznao Ga kao svojeg

Spasitelja dok je zajedno s Njim bio razapet na križu. Na taj je način primio spasenje i pravo da uđe u raj.

Na sličan način, svi dobivaju pravo da postanu djecom Božjom kad prihvate Isusa kao svojeg Spasitelja i prime Duha Svetoga. I zato ih Bog i naziva: „Moja dječica". Primjerice, kad se dijete rodi, njegovo se rođenje registrira i ono postaje građaninom države u kojoj je rođeno. Isto tako, i Vi možete dobiti nebesko državljanstvo i biti priznati kao dijete Božje ako se Vaše ime registrira u Knjizi života.

Dakle, vjera novorođenčadi/dječice odnosi se na vjeru ljudi koji su tek prihvatili Isusa Krista, kojima su oprošteni njihovi grijesi i koji postaju djecom Božjom jer su njihova imena registrirana u Knjizi života na nebesima.

2. Vjera dječaka

Ljudi koji se ponovno rode kao djeca Božja prihvaćanjem Isusa Krista i zadobivanjem duhovnog života sazrijevaju u svojoj vjeri i zadobivaju vjeru dječaka. Kad se dijete rodi i odbije od majčinih prsa, ono može prepoznati svoje roditelje i razlikovati određene elemente, okolinu i ljude.

Pa ipak, dječaci znaju vrlo malo i moraju biti pod roditeljskom zaštitom. Kad ih se pita znaju li tko su im roditelji, vjerojatno će odgovoriti: „Da". Međutim, kad ih se pita za rodno mjesto njihovih roditelja ili za obiteljsko stablo, vjerojatno neće znati odgovor. Dakle, dječica ne poznaju svoje roditelje tako dobro, čak i ako bi mogla reći: „Znam tko mi je mama i tko mi je tata".

Ako roditelji svojem djetetu kupuju igračke, dijete zna razliku između automobila i lutke, ali ne zna kako je taj automobil igračka načinjen ili kako je lutka kupljena. Sukladno tomu, dječaci znaju ponešto o onome što mogu vidjeti svojim očima, ali ne razumiju pojedinosti o onome što ne vide.

Duhovno gledano, dječaci imaju vjeru početnika koji tek počinju spoznavati Boga Oca; oni uživaju milost u vjeri nakon što prihvate Isusa Krista i prime Duha Svetoga. U Prvoj Ivanovoj poslanici 2:14 stoji: „*Dječaci, pišem vama, jer ste spoznali Oca*". Ovdje „spoznali ste Oca" naznačuje da su ljudi s vjerom dječaka prihvatili Isusa Krista i naučili Riječ Božju odlascima u crkvu.

Baš kao što dijete na početku zna vrlo malo, ali može prepoznati svoju majku i svojega oca kako odrasta, tako i novi vjernici postupno počinju shvaćati volju i srce Boga Oca kako odlaze u crkvu i slušaju Njegovu Riječ. Pa ipak, oni još uvijek ne uspijevaju bit poslušni toj Riječi jer nemaju dovoljno vjere.

Stoga, vjera dječaka jest vjera ljudi koji su spoznali istinu slušajući je, ali koji su katkad poslušni Riječi, a katkad ne. Ta razina vjere još uvijek nije savršena.

Tko Boga naziva „Ocem"?

Ako netko nije prihvatio Isusa Krista, ali prizna: „Ja sam spoznao Boga", taj laže. Pa ipak, ima onih koji govore: „Ne idem u crkvu, ali sam spoznao Boga". To su oni koji su jedanput ili dvaput pročitali Bibliju, običavali ranije odlaziti u crkvu ili su čuli za Boga tu i tamo. Međutim, jesu li oni uistinu spoznali Boga Stvoritelja?

Zapravo, ako su spoznali Boga, trebali bi razumjeti zašto je

Isus jedini Sin Božji, zašto Ga je Bog poslao na ovaj svijet i zašto je Bog stavio stablo spoznaje dobra i zla u Edenski vrt. Također moraju znati da postoje raj i pakao te na koji način mogu biti spašeni i otići u raj.

Nadalje, da uistinu razumiju te činjenice, nitko od njih ne bi odbijao odlaziti u crkvu i živjeti po Riječi Božjoj. Pa ipak, oni ne odlaze u crkvu niti Boga nazivaju „Ocem" jer niti vjeruju u Boga niti su Ga spoznali.

Isto tako, neki tjelesni ljudi koji ne vjeruju u Boga mogu reći da su Ga spoznali, ali to nije istina. Oni ne mogu prepoznati Boga niti Ga zvati „Ocem" jer ne poznaju Isusa Krista i ne žive po Njegovoj Riječi (Evanđelje po Ivanu 8:19).

Ljudi Boga nazivaju različitim imenima

Vjernici jednog istog Boga nazivaju različitim imenima, ovisno o mjeri njihove vjere. Nitko Ga ne naziva „Bogom Ocem" prije nego što prihvati Isusa Krista kao svojeg Spasitelja. Sasvim je prirodno da Ga ne nazivaju „Ocem" jer oni još uvijek nisu ponovno rođeni.

A kako novi vjernici nazivaju Boga? Oni su pomalo sramežljivi i jednostavno Ga nazivaju „Bogom". Ne mogu Ga jednostavno nazvati „Bogom Ocem", nego umjesto toga osjećaju nelagodu ili neznanje jer Mu nisu služili kao svojem Ocu.

Međutim, ime kojim vjernici nazivaju Boga mijenja se kako njihova vjera raste do mjere dječaka. Oni Ga nazivaju „Ocem" kada imaju vjeru dječaka, baš kao što i dječaci radosno svojega oca nazivaju „tata". Naravno da nije pogrešno da Ga nazivaju jednostavno „Bogom" ili „Bogom Ocem". Doći će do toga da Ga počnu nazivati „Ocem Bogom" umjesto „Bogom Ocem" ako njihova vjera još više sazrije. Štoviše, nazivaju Ga samo „Ocem" kad se mole Bogu.

Što mislite da zvuči dražesnije i bliskije Bogu: onaj koji Ga naziva „Bogom" ili onaj koji Ga naziva „Ocem"? Koliko bi Bogu bilo milo da Ga nazovete „Moj Otac" iz dubine svojega srca! U Mudrim izrekama 8:17 stoji: *„Ja ljubim one koji ljube mene, i nalaze me koji me traže".* Što više ljubite Boga, to će i On više ljubiti Vas. Što Ga više tražite, to ćete lakše primiti Njegova uslišanja.

Zapravo, živjet ćete vječno na nebesima i zvat ćete Boga „Ocem" kao Njegovo dijete tako da je samo primjereno da i u ovom životu s Bogom imate blizak i ispravan odnos. Stoga, morate izvršavati svoju dužnost kao dijete Božje i pokazati dokaze da ga ljubite iskazujući punu poslušnost Njegovim zapovijedima.

3. Vjera mladića

Baš kao što dijete naraste u snažnog i pametnijeg adolescenta, tako sazrijeva i vjera dječaka i postaje vjerom mladića. To znači da, nakon faze duhovnog djetinjstva u vjeri, molitvom i poslušnošću Riječi Božjoj razina vjere raste i postaje vjerom duhovnih mladića koji znaju razlikovati volju Boga Oca i grijeh.

Mladići su snažni i hrabri

Malo je dječaka koji dobro poznaju zakone neke države. Oni

moraju biti pod roditeljskom zaštitom, pa čak i ako počine kazneno djelo, njihovi su roditelji odgovorni za to jer nisu ispravno odgojili svoju djecu. Djeca ne znaju točno što je grijeh, što je pravednost i kakvo je roditeljsko srce jer se još uvijek nalaze u procesu učenja.

A što je s adolescentima? Oni su snažni, nagle naravi i velika je vjerojatnost da će počiniti grijehe. Nestrpljivi su da vide, nauče i iskuse sve i skloni su oponašanju drugih. Obično su znatiželjni u svim aspektima, tvrdoglavi i uvjereni da ne postoji ništa što oni ne bi mogli učiniti.

Isto tako, duhovni mladići ne traže ovozemaljske stvari, nego se, umjesto toga, nadaju raju u punini Duha Svetoga i pobjeđuju grijehe uz pomoć Riječi Božje jer imaju snažnu vjeru. Vode pobjedonosan život u svim okolnostima, savladavaju ovaj svijet i đavla neumoljivom hrabrošću jer Riječ prebiva u njima.

Savladavanje đavla i vladanje njime

Pa kako, onda, mladići sa snažnom i hrabrom vjerom savladavaju ovaj grješni svijet i đavla? Oni koji prihvate Isusa Krista dobivaju pravo da postanu djecom Božjom i da u istini pobjedonosno poraze zle. Đavao, premda je snažan, ne usuđuje se učiniti ništa pred djecom Božjom. Tako u Prvoj Ivanovoj poslanici 2:13 nalazimo sljedeće: „*Mladići, pišem vama, jer ste pobijedili Zloga*".

Možete savladati đavla ako prebivate u istini jer bi Riječ Božja trebala ostati u Vama. Baš kao što ljudi ne mogu poštivati zakon ako ga ne poznaju, ni Vi ne možete živjeti po Riječi Božjoj ako je ne poznajete.

Stoga biste morali poštivati Njegovu Riječ u svojim srcima i živjeti po njoj, odbacujući sve vrste grijeha. Na taj način ljudi s vjerom mladića mogu nadvladati ovaj svijet uz pomoć Riječi Božje. I zato u Prvoj Ivanovoj poslanici 2:14 stoji: „*Mladići, pišem vama, jer ste jaki, jer u vama ostaje riječ Božja i jer ste pobijedili Zloga*".

4. Vjera otaca

Kada mladići sa snažnim i neumoljivim duhom narastu i postanu odrasli ljudi, bit će u stanju procijeniti i razumjeti svaku situaciju i, nakon mnogo iskustva, steći će mudrost da budu dovoljno razboriti da se skruše kad je to potrebno. Ljudi s vjerom otaca poznaju u pojedinosti podrijetlo Boga i razumiju Njegovu providnost jer imaju duboku duhovnu vjeru.

Tko poznaje podrijetlo Boga?

Oci se razlikuju od mladića u mnogim aspektima. Mladići su nezreli jer im nedostaje iskustva, čak i onda kad su mnogo toga naučili. Sukladno tomu, mnoge situacije i događaje mladići ne razumiju, dok očevi dobro shvaćaju brojne elemente jer su doživjeli raznovrsne aspekte života.

Očevi također razumiju i zašto roditelji žele imati djecu, koliko je bolan porod i koliko je naporno podizanje djece. Oni znaju štošta o svojoj obitelji: otkud su njihovi roditelji, kako su se upoznali i vjenčali i tomu slično.

Jedna korejska poslovica glasi: „Tek kad rodiš vlastitu djecu, možeš uistinu razumjeti srce svojih roditelja". Slično tomu, jedino ljudi s vjerom otaca mogu u cijelosti razumjeti srce Boga Oca. O takvim zrelim kršćanima u Prvoj Ivanovoj poslanici 2:13 stoji: „*Oci, pišem vama, jer ste spoznali onoga koji je od iskona*".

Nadalje, oni koji imaju vjeru otaca postaju primjerom mnogima i prihvaćaju sve vrste ljude jer su skrušeni i mogu stajati utvrđeni u istini, a da pritom ne odstupaju od nje.

Kad bismo usporedili vjeru otaca sa sezonom žetve, vjera mladića može se usporediti s nezrelim plodovima. Ljudi s vjerom mladića uspoređuju se s nesazrelim usjevima jer su skloni inzistirati na vlastitim mislima i teorijama.

Međutim, baš kao što nam je Isus pokazao primjer služenja kad je oprao stopala svojih učenika, tako i duhovni oci, za razliku od mladića, rađaju zrelim plodovima djelâ i slave Boga tim plodovima svojih djelâ.

Imati scre Isusa Krista

Bog želi da sva Njegova djeca zadobiju srce Boga, koji je od iskona, i Isusa Krista, koji se ponizio i bio poslušan do smrti na križu (Poslanica Filipljanima 2:5-8). Iz tog razloga Bog i pripušta kušnje svojoj djeci, a kroz te kušnje njihova vjera sazrijeva i oni zadobivaju ustrajnost i nadu. Na taj način njihova vjera raste do vjere otaca.

U Evanđelju po Luki 17 Isus je poučavao svoje učenike usporedbom o sluzi. Sluga je cijeli dan radio u polju i vratio se kući u sumrak, ali nije bilo nikoga tko bi mu rekao: „Dobro učinjeno! Brzo dođi i smjesti se za stol". Umjesto toga, sluga je

morao pripremiti večeru svome gospodaru i dvoriti ga; tek nakon toga je sluga mogao i sâm večerati. Osim toga, nitko mu ne kaže: „Najljepša ti hvala za tvoj mukotrpan rad", iako je učinio sve što mu je gospodar zapovjedio. Sluga samo kaže: „Sluge smo beskorisne. Učinili smo samo što smo morali učiniti".
Isto tako, i Vi biste trebali biti ponizni i poslušni ljudi, koji će reći: „Sluga sam beskorisni. Učinio sam samo svoju dužnost"., čak i onda kada ste učinili sve što Vam je Bog zapovjedio. Ljudi s vjerom otaca poznaju dubinu i visinu srca Boga koji je od iskona, a imaju i srce Isusa Krista koji se ponizio i postao poslušan do smrti na križu. Dakle, Bog prepoznaje i pohvaljuje takve pojedince i oni će na nebu sijati poput sunca.

I baš kao što malo gorušičino zrno raste i pretvara se u veliko stablo u kojemu se gnijezdi mnoštvo ptica, tako i duhovna vjera raste od mjere novorođenčadi/dječice do mjere dječaka, mladića i otaca. Kakav je to prekrasan blagoslov kada spoznate Onoga koji je od iskona, kad imate dovoljno vjere da razumijete svu Njegovu visinu i dubinu i kad se možete brinuti o brojnim zalutalim dušama na način na koji je to Isus činio!

Molim u Ime našega Gospodina da imate srce Gospodinovo koje obiluje velikodušnošću i ljubavlju, da imate vjeru otaca, da obilato rađate plodovima i da zauvijek sijate poput sunca na nebu!

3. poglavlje

Mjera vjere svakog pojedinoga

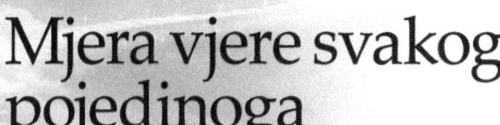

1
Mjera vjere koju udjeljuje Bog
2
Različita mjera vjere svakog pojedinoga
3
Mjera vjere kušana vatrom

*„Dakako, zbog milosti koja mi je dana
kažem svakome među vama
da ne drži do sebe više od onoga
što treba do sebe držati,
nego neka drži do sebe pristojno
prema mjeri vjere,
kako je Bog udijelio svakome pojedinomu".*
(Poslanica Rimljanima 12:3)

Bog Vam omogućuje da žanjete kako ste sijali i nagrađuje Vas u skladu s onim što ste učinili jer je On pravedan. U Evanđelju po Mateju 7:7-8 Isus nam govori: *"Molite, i davat će vam se! Tražite, i nalazit ćete! Kucajte, i otvarat će vam se! Jer, svatko tko moli, prima; tko traži, nalazi; i tko kuca, otvara mu se"*. Primate blagoslove i uslišenje svojih molitava ne po ovosvjetovnoj vjeri, nego po duhovnoj vjeri. Ovosvjetovnu vjeru možete zadobiti kada slušate Riječ Božju i kada je naučite. Međutim, duhovna se vjera ne daje po izboru; nju možete primiti jedino ako Vam je Bog dadne.

Tako nas se u Poslanici Rimljanima 12:3 potiče: *"Nego neka drži do sebe pristojno prema mjeri vjere, kako je Bog udijelio svakome pojedinomu"*. Duhovna vjera koju je Bog udijelio svakome pojedinomu razlikuje se od osobe do osobe. Isto tako, kako nalazimo u Prvoj poslanici Korinćanima 15:41: *"Drugi je sjaj sunca, a drugi sjaj mjeseca, a drugi sjaj zvijezda, jer se zvijezda od zvijezde razlikuje sjajem"*, stanovi na nebesima i sjaj koji se udjeljuje svakome pojedinomu razlikuju se ovisno o njihovoj mjeri vjere.

1. Mjera vjere koju udjeljuje Bog

„Mjera" je težina, zapremina, količina ili veličina nekog

predmeta. Bog mjeri vjeru svakog pojedinca i uslišuje molitve te osobe u skladu s njegovom ili njezinom mjerom vjere.

Općenito gledano, ljudi s velikom vjerom mogu primiti uslišanje svojih molitava jedino ako ih žele u svojim srcima, dok nekim drugima molitve bivaju uslišane jedino ako usrdno mole i poste cijeli dan, dok drugi, pak, s malo vjere dobivaju uslišanje svojih molitava jedino ako se mole mjesecima ili godinama. Kad biste mogli „zaraditi" duhovnu vjeru kako hoćete, svatko bi primao blagoslove i uslišanje onoga što želi. Svijet bi postao vrlo zbunjujuće i neuređeno mjesto za život.

Pretpostavimo da postoji neki čovjek koji ne živi po Riječi Božjoj. Ako taj čovjek zatraži: „Bože, molim Te, daj da postanem direktor najuspješnije poslovne korporacije u ovoj državi!" ili „Mrzim tog čovjeka. Molim Te, kazni ga". i kad bi njegova molitva i želja bile uslišane, kakav bi to svijet bio?

Duhovna vjera i poslušnost

Kako zadobiti duhovnu vjeru? Bog ne udjeljuje duhovnu vjeru svakome, nego samo onima koji to zasluže poštivanjem Njegove Riječi. Sukladno tomu, duhovnu vjeru možete zadobiti u onoj mjeri u kojoj uspijete od sebe odbaciti neistinu, kao što su mržnja, svađe, zavist, preljub i tomu slično, i ako ljubite čak i svoje neprijatelje.

U Bibliji je Isus pohvalio neke, govoreći: „Jaka je tvoja vjera!", ali je druge ukorio, govoreći: „Malovjerni!"

Primjerice, u Evanđelju po Mateju 15:21-28 neka Kananejka prišla je k Isusu i zatražila od Njega da ozdravi njezinu kćerku koju je obuzeo zli duh. Ona povika: „*Smiluj mi se, Gospodine,*

Sine Davidov! Kćer mi vrlo muči zli duh" (redak 22). Međutim, Isus je htio kušati njezinu vjeru, pa joj je odgovorio: *"Poslan sam samo k izgubljenim ovcama doma Izraelova"* (redak 24). Žena pade pred Isusom ničice i reče: *"Gospodine, pomozi mi!"* (redak 25) Isus ponovno odbi i odgovori joj: *"Nije pravo oduzeti kruh djeci i baciti ga psićima"* (redak 26). On je to rekao jer su Židovi iz toga doba pogane smatrali psima, a žena je i sama bila poganka iz pokrajine Tir.

U toj bi se situaciji mnogi posramili, obeshrabrili ili uvrijedili i jednostavno bi prestali pokušavati dobiti odgovor. Međutim, ta žena nije bila razočarana i skrušeno je prihvatila što je Isus rekao. Ponizila se kao mala i bezvrijedna stvar poput psića i neumoljivo zahtijevala Njegovu milost: *"Da, Gospodine! – nadoda ona – jer i psići jedu od mrvica što padaju sa stola njihovih gospodara"* (redak 27). Isusu bijaše mila njezina vjera i On joj odvrati: *"O ženo, jaka je tvoja vjera. Neka ti bude kako želiš!"* i tog časa ozdravi njezina kći (redak 28).

Isto tako vidimo kako Isus kori svoje učenike sbog njihove malovjernosti u Evanđelju po Mateju 17:14-20. Neki je čovjek doveo svojega sina, opsjednutoga padavičara, Isusovim učenicima, ali ga oni ne mogoše ozdraviti. Nakon tog taj je čovjek svojega sina doveo k Isusu i On je izgnao zlog duha iz dječaka i ovaj ozdravi istoga časa. Nakon što je Isus ozdravio dječaka, pristupiše Njegovi učenici i upitaše Ga: *"Zašto ga mi ne mogosmo istjerati?"* (redak 19) On im odgovori: *"Zbog vaše nevjere"* (redak 20).

Osim toga, Isus je u Evanđelju po Mateju 14:22-33 ukorio i

Petra. Jedne noći Njegovi su se učenici našli na lađici usred velikih valova, a Isus dođe k njima, hodeći po moru. Kad Ga opaziše kako ide po moru, učenici se prvo preplašiše i rekoše: „*Sablast!*" (redak 26) Ali im Isus odmah reče: „*Odvažni budite! Ja sam, ne bojte se!*" (redak 27)

Petar Mu na to hrabro odvrati: „*Gospodine, ako si zbilja ti, naredi mi da dođem k tebi po vodama!*" (redak 28) Potom Isus reče: „Dođi!", što je Petar i htio čuti. Petar se spusti s lađice i pođe po vodama da dođe k Isusu. Ali, vidjevši vihor, uplaši se te, kad poče tonuti, povika: „*Spasi me, Gospodine!*" (redak 30) Odmah Isus pruži ruku, prihvati ga pa mu reče: „*Malovjerni, zašto si posumnjao?*" (redak 31)

Petra je Isus ukorio u tom trenutku zbog njegove nevjere, ali nakon što je primio Duha Svetoga i snagu Božju, on je u Ime Gospodnje vršio brojna čudesa, a zbog svoje je jake vjere u Gospodina i razapet naopačke.

2. Različita mjera vjere svakog pojedinoga

Mnogo je usporedbi u Bibliji kojima se objašnjava mjera vjere. U Prvoj Ivanovoj poslanici 2 mjera vjere objašnjava se usporedbom s čovjekovim odrastanjem, a u Ezekielu 47:3-5 mjera vjere objašnjava se usporedbom s dubinom vode:

> *Čovjek pođe prema istoku s užetom u ruci, izmjeri tisuću lakata i prevede me preko vode, a voda mi sezaše do gležanja. Ondje opet izmjeri tisuću lakata i prevede*

me preko vode, a voda bijaše do koljena. I opet izmjeri tisuću lakata i prevede me preko vode što bijaše do bokova. Opet izmjeri tisuću lakata, ali ondje bijaše potok koji ne mogoh prijeći jer je voda nabujala te je trebalo plivati: bijaše to potok koji se ne može prijeći.

Ezekiel je jedan od velikih proroka iz Starog zavjeta. Bog je dao da prorok Ezekiel zabilježi proročanstva kada je Babilon razorio južno kraljevstvo Jude i kad su mnogi Židovi zarobljeni kao ratni zarobljenici. Od Ezekiela 40 nadalje opisuje se hram koji je Ezekiel vidio u viđenju.

U Ezekielu 47 prorok piše o viđenju u kojemu je vidio kako voda prodire ispod praga hrama prema istoku. Voda se spuštala s južne strane hrama, južno od oltara. Potom je voda jurnula kroz sjeverna vrata i istjecala je iz svetišta prema vanjskim vratima okrenutima prema istoku.

„Voda" ovdje duhovno simbolizira Riječ Božju (Evanđelje po Ivanu 4:14), a činjenica da voda protječe kroz i oko unutrašnjosti svetišta, a da potom istječe iz svetišta naznačuje da se Riječ Božja ne naviješta samo u svetištu, nego i u svijetu.

Što Ezekiel misli kada kaže da je „čovjek izmjerio tisuću lakata", idući prema istoku s užetom u ruci? To se odnosi na Gospodina koji mjeri vjeru svakog pojedinca i sudi mu točno prema mjeri vjere svakoga pojedinca na Sudnji dan.

„Čovjek s užetom u ruci" odnosi se na slugu Božjeg, a „imati uže" znači da Gospodin mjeri vjeru svakog pojedinca ispravno, bez greške. Dakle, promjena dubine vode metaforički označava različite razine mjere vjere.

Prema dubini vode

„Voda koja seže do gležanja" označava vjeru duhovne novorođenčadi/dječice, mjeru vjere koja jedva da Vam omogućuje da zadobijete spasenje. Kad se mjera vjere usporedi s visinom čovjeka, ta razina seže do njegovih gležnjeva. Nadalje, „voda do koljena" odnosi se na vjeru dječaka, a „voda do bokova" predstavlja vjeru mladića. Naposljetku „voda dovoljno duboka da treba plivati" odnosi se na vjeru otaca.

Na taj način, na Sudnji dan mjerit će se vjera svakog pojedinca i Gospodin će udijeliti stan na nebesima svakoj osobi u onoj mjeri u kojoj je ona živjela po Riječi Božjoj u svojemu životu.

„Izmjeriti tisuću lakata" označava veliko srce Božje, Njegovu preciznost bez ma i najmanje greške i dubinu Njegova srca koja sve uzima u obzir. Bog ne mjeri vjeru svakog pojedinca samo s jednog stajališta, nego iz svih kutova. Bog traži svako djelo i središte našega srca tako precizno da nitko neće imati osjećaj da mu je pogrešno suđeno.

Dakle, Bog traži sve svojim ognjenim očima i daje da svaki pojedinac žanje kako je i sijao i nagrađuje ga prema onomu što je učinio. I zato u Poslanici Rimljanima 12:3 stoji: *„Dakako, zbog milosti koja mi je dana kažem svakome među vama da ne drži do sebe više od onoga što treba do sebe držati, nego neka drži do sebe pristojno prema mjeri vjere, kako je Bog udijelio svakome pojedinomu".*

Razmišljati mudro prema mjeri svoje vjere

Hodanje po vodi koja seže do gležnjeva jest i čini se drukčijim od hodanja u vodi koja seže do bokova. Dok ste u vodi koja seže do gležnjeva, možda ćete pomisliti da hodate ili trčite jer ondje ne možete plivati. Međutim, kad stojite u vodi koja seže do bokova, radije ćete plivati nego hodati.

Slično tomu, oni s vjerom dječice razmišljaju drukčije od onih s vjerom otaca, baš kao što se i čovjekovo razmišljanje mijenja ovisno o dubini vode. Dakle, jedino je primjereno da razmišljate mudro u skladu s mjerom svoje vjere.

Abraham je primio Izaka za sina kao Božje obećanje nakon što je Bog priznao njegovu vjeru. Jednog dana Bog je Abrahamu zapovjedio da prinese svog jedinca Izaka kao žrtvu paljenicu. I što je Abraham mislio o toj Božjoj zapovijedi? Nikad nije mislio tjeskobno: 'Zašto mi Bog zapovijeda da prinesem Izaka kao žrtvu paljenicu unatoč činjenici da mi je On dao Izaka za sina kao obećanje? Krši li On svoje obećanje?'

Poslanica Hebrejima 11 podsjeća nas da je Abraham mudro razmišljao o Božjoj zapovijedi: 'On nikada ne laže, On će uskrisiti moga sina od mrtvih'. Abraham nije držao do sebe više od onoga koliko je trebao držati do sebe, nego je prije držao do sebe u skladu s mjerom vjere koju mu je Bog udijelio.

Abraham se nije ni žalio niti jadikovao, nego je skrušenog srca poslušao Boga. Kao rezultat toga, Bog ga je to više prihvatio i uzljubio, i tako on postade praocem vjere.

Morate razumjeti da je proglašeno da Abraham ima duhovnu vjeru tek nakon teške i žestoke kušnje i da ga je to odvelo na put blagoslova. Možete primiti Božju ljubav i blagoslov tek nakon što prođete ognjene kušnje držeći do sebe mudro u skladu s mjerom vlastite vjere.

3. Mjera vjere kušana vatrom

U Prvoj poslanici Korinćanima 3:12-15 stoji da Bog kuša vjeru svakog pojedinca vatrom i da mjeri djelo koje iza toga preostane:

> *Nadoziđuje li tko na tom temelju zlatom, srebrom, dragim kamenjem, drvetom, sijenom, slamom: svačije će djelo postati očevidno. Dan će ga, naime, pokazati, jer će se pojaviti s vatrom, i ta će vatra ispitati kakvo je svačije djelo. Ako čije djelo zbilja ostane, tko ga je nazidao, primit će plaću; ako čije djelo zbilja izgori, taj će štetovati. A sâm će biti spašen, ali tek kao kroz vatru.*

„Temelj" se ovdje odnosi na Isusa Krista, a „djelo" označava sve što je učinjeno nastojanjem iz sveg srca. Ako netko vjeruje u Isusa Krista, njegovo će djelo postati očevidno onakvim kakvo i jest „jer će ga dan pokazati".

Kada se pokazuje djelo?

Kao prvo, djelo svakog pojedinca pokazat će se kad njegova dužnost bude izvršena. Ako mu se dužnost daje jedanput godišnje, i njegovo će se djelo otkrivati potkraj svake godine.

Kao drugo, Bog kuša djela svakog pojedinca kad na njega dođe kušnja vatrom. Neki su mirni i nepromjenjivi čak i onda kada se suoče sa žestokim kušnjama i teškoćama poput vatre, dok neki drugi ne uspijevaju ustrajati.

I nasposljetku, Bog kuša djela svakog pojedinca na Sudnji dan koji će doći nakon Drugog dolaska Isusa Krista. On će izmjeriti svetost i vjernost svake osobe i u skladu s njima će joj dodijeliti stan na nebesima i plaću.

Djelo ostaje nakon kušnje vatrom

I opet nas Prva poslanica Korinićanima 3:12-13 podsjeća: *"Nadoziđuje li tko na tom temelju zlatom, srebrom, dragim kamenjem, drvetom, sijenom, slamom: svačije će djelo postati očevidno. Dan će ga, naime, pokazati, i ta će vatra ispitati kakvo je svačije djelo".*

Ako Bog kuša djelo svakog pojedinca vatrom, kvaliteta djela svakog pojedinca bit će vjera od zlata, srebra, dragog kamenja, drveta, sijena i slame. Nakon Božje kušnje ljudi s vjerom od zlata, srebra, dragog kamenja, drveta ili sijena krenut će putom spasenja, ali ljudi s vjerom od slame ne mogu biti spašeni jer oni nisu ništa bolji negoli da su mrtvi u duhu.

Štoviše, ljudi s vjerom od zlata, srebra ili dragog kamenja mogu nadvladati kušnje vatrom, baš kao što vatra ne sagorijeva ni zlato, ni srebro, ni drago kamenje, ali ljudima s vjerom od drveta i sijena nije lako nadvladati te žestoke kušnje vatrom.

Svojstva zlata, srebra i dragog kamenja

Zlato je podložno kovanju, žilavo, žute boje i metalni element koji se posebno koristi u kovanju kovanica, izradi nakita, pribora ili u ručnim radinostima. Dugo se smatralo najvrednijim draguljem. Njegov prekrasni sjaj ne mijenja se čak ni nakon dugo vremena jer nema kemijske reakcije između zlata i drugih tvari.

Kao posljedica toga, zlato se smatra najvrednijim draguljem jer je nepromjenjivo, iznimno korisno za razne svrhe i dovoljno fleksibilno da se od njega mogu načiniti svi oblici.

Srebro se uvelike koristi za kovanice i pribor te u industrijske svrhe jer je to drugi materijal po redu u pogledu podložnosti kovanju i žilavosti, a i vrlo dobro provodi toplinu. Srebro je lakše od zlata, a i manje je lijepo i sjajno od zlata.

Drago kamenje, kao što su dijamanti, safiri ili smaragdi, isijavaju prekrasnu boju i sjaj, ali se ne mogu koristiti u razne svrhe. Također gube na vrijednosti i postaju bezvrijednima ako ih se polomi ili ogrebe.

Stoga, Bog mjeri vjeru svakog pojedinca kao vjeru od zlata, srebra, dragog kamenja, drveta, sijena, slame u skladu s djelom koje preostane nakon kušnji vatrom, a vjeru od zlata smatra najvrednijom od svih.

Zadobivanje vjere od zlata

S jedne strane, ljudi s vjerom od zlata nisu uzdrmani čak ni onda kada se suoče s kušnjama vatrom. Vjera od srebra nije toliko jaka kao vjera od zlata, ali je opet nadređena vjeri od dragog kamenja koja je lomljiva u vatri. S druge strane, ljudi s vjerom od drveta ili sijena, čije će djelo biti spaljeno u Božjoj kušnji vatrom, jedva da mogu zadobiti spasenje bez ikakve plaće. Bog nagrađuje svakoga u skladu s onim što je učinio jer je On pravedan i pravičan. Dakle, On prihvaća ljude s nepromjenjivom vjerom, baš kao što se ni zlato nikada ne mijenja, i nagrađuje ih na nebu, baš kao i na ovoj zemlji.

Apostol Pavao, koji se posvetio naviještanju evanđelja

poganima, naviještao je evanđelje s nepromjenjivim srcem i istrčao je utrku vjere do samoga kraja, čak iako se suočio s brojnim kušnjama i teškoćama od trenutka kad se prvi put susreo s Gospodinom.

U Djelima apostolskim 16:25 stoji sljedeće: *„Oko ponoći Pavao i Sila molili su i pjevali hvalospjeve, a sužnji ih slušali"*. Zbog naviještanja evanđelja Pavao i Sila bijahu brutalno bičevani i bačeni u tamnicu s nogama u lancima, ali oni su pjevali hvalospjeve Bogu u molitvi bez jadikovanja.

Na taj način Pavao nikad nije zanijekao Gospodina sve do smrti niti je izustio makar jednu riječ jadikovanja. Uvijek je bio radostan i zahvalan, srca ispunjenog nadom u nebo, i bio je vjeran u djelu za Gospodina u toj mjeri da je za to dao i svoj vlastiti život.

Ako imate vjeru od zlata poput apostola Pavla, i Vi ćete obitavati na sjajnom mjestu, koje sjaji poput sunca na nebu, i primit ćete veliku ljubav Božju zbog svojega djela koje vatra ne može sagorjeti u pepeo.

Vjera od drveta i sijena

Ljudi s vjerom od srebra izvršavaju svoje dužnosti baš kao što bi i trebali, čak iako je njihova vjera manja od vjere od zlata. Pa kakva je, onda, vjera od dragog kamenja?

Ljudi s vjerom od dragog kamenja priznaju: „Bit ću vjeran Gospodinu! Naviještat ću evanđelje cijelim svojim srcem". nakon što ozdrave od neke bolesti ili se napune Duha Svetoga. Kad im molitve budu uslišane, oni tvrde: „Odsad ću živjeti samo za Boga". Izvana se čini da imaju vjeru od zlata, ali posrtaju ili zastrane u kušnjama vatrom jer nemaju vjeru od zlata. Čini se da je njihova vjera jaka kada su napunjeni Duhom Svetim, ali se okrenu od puta vjere i na kraju im srce biva slomljeno na komade, kao da nikad nisu imali nimalo vjere.

Drugim riječima, vjera od dragog kamenja izgleda prekrasno samo na trenutak. Ipak, djelo vjere od dragog kamenja preostaje nakon kušnji vatrom, baš kao što se i oblik dragulja i dragog kamenja očuva u vatri.

Međutim, djelo vjere od drveta i sijena spaljuje se u ništa nakon kušnji vatrom. I opet nam Prva poslanica Korinćanima 3:14-15 govori: *„Ako čije djelo zbilja ostane, tko ga je nazidao, primit će plaću; ako čije djelo zbilja izgori, taj će štetovati. A sâm će biti spašen, ali tek kao kroz vatru".*

Istina je da ljudi s vjerom od zlata, srebra ili dragog kamenja bivaju spašeni i da primaju plaću na nebu jer djelo njihove vjere preostaje nakon Božjih kušnji vatrom. Međutim, djela onih s vjerom od drveta ili sijena izgaraju u pepeo u kušnjama vatrom i ti će pojedinci jedva biti spašeni, ali ne mogu primiti nikakvu plaću na nebesima.

Bog radosno prihvaća Vašu vjeru i nagrađuje Vas obilato kad Ga iskreno tražite. Poslanica Hebrejima 11:6 govori nam sljedeće: *„A bez vjere je nemoguće svidjeti se; jer, onaj koji hoće pristupiti Bogu mora povjerovati da postoji Bog i da nagrađuje one koji ga traže".*

On mjeri vjeru svakog pojedinca kušnjom vatrom. Bog također udjeljuje i blagoslove na ovoj zemlji i nagrade na nebesima svakome tko ima nepromjenjivu vjeru poput zlata.

Stoga, morate razumjeti da postoje različita uslišanja i blagoslovi Božji, baš kao što postoje i različiti stanovi i vijenci na nebesima, ovisno o mjeri vjere svakog pojedinca.

U Ime našeg Gospodina molim da nastojite zadobiti vjeru od zlata koja se sviđa Bogu kako biste uživali u Njegovim blagoslovima na sve načine na ovoj zemlji i obitavali na sjajnom mjestu na nebesima koje sija poput sunca!

4. poglavlje

Vjera za zadobivanje spasenja

                1
Prva razina vjere
                2
Jeste li primili Duha Svetoga?
                3
Vjera zločinca koji se pokajao
                4
Ne gasite Duha Svetoga
                5
Je li Adam bio spašen?

„Obratite se –
odgovori im Petar – i neka se svaki od vas
krsti u Ime Isusa Krista
za oproštenje grijeha;
tada ćete primiti dar, Duha Svetoga.
Vama, naime, pripada to obećanje, vašoj djeci
i svima koji su daleko
koliko ih god pozove k sebi Gospodin, naš Bog'".
(Djela apostolska 2:38-39)

U prethodnom smo poglavlju razmatrali kako Bog prihvaća duhovnu vjeru popraćenu djelima, kako svaki pojedinac ima različitu mjeru duhovne vjere i kako ona sazrijeva u skladu s poslušnošću svakog pojedinca Riječi Božjoj. Mjeru vjere razvrstat ćemo u tri razine – mjera od zlata, srebra, dragog kamenja, drveta i sijena. I baš kao što silazite niz stubište stepenicu po stepenicu, tako isto sazrijeva i Vaša vjera, od vjere od sijena do vjere od zlata, kako slušate Riječ Božju i pridržavate je se.

Jer nebo možete zadobiti samo po vjeri, a da biste moćno osvojili nebesko kraljevstvo, morate povećavati svoju vjeru korak po korak. Štoviše, što više budete zadobivali vjeru od zlata, to ćete više obnavljati izgubljenu sliku Božju, biti Mu mili i On će Vas odobravati, a na kraju ćete stići i u Novi Jeruzalem, u kojemu se nalazi prijestolje Božje. Nadalje, ako imate vjeru od zlata, Bogu ste mili, On hoda s Vama, uslišava želje Vašega srca i blagoslivlja Vas da izvodite čudesna znamenja.

Stoga se nadam da ćete mjeriti svoju vjeru i nastojati zadobiti što savršeniju vjeru.

1. Prva razina vjere

Prije nego što smo primili Isusa Krista, bili smo djeca đavla i morali smo pasti u pakao zbog našeg života u grijehu. O tome u Prvoj Ivanovoj poslanici 3:8 stoji: *"Tko počinja grijeh, od đavla je; jer đavao griješi od početka. Sin se Božji pojavio radi ovoga; da uništi đavolska djela"*.

Bez obzira koliko se Vi činili dobrima i neporočnima, naći ćete se u tami jer će se opačine skrivene u Vama otkriti kad na Vas padne svjetlo savršene Božje istine.

Nekoć sam mislio da sam tako dobra i plemenita osoba da mogu živjeti bez zakona. Međutim, kad sam prihvatio Gospodina i pogledao se u zrcalu Riječi istine, spoznao sam koliko sam opak čovjek bio. Način na koji sam se ponašao, što sam govorio ili slušao i što sam mislio – sve je to bilo protivno Njegovoj Riječi.

Bog je pohvalio Joba u Knjizi o Jobu 1:8 kad mu je rekao: *"Njemu na zemlji nema ravna. Čovjek je to neporočan i pravedan, boji se Boga i kloni se zla"*. Pa ipak, isti taj Job, koji je smatran neporočnim i pravednim čovjekom, vikao je riječi jadikovanja, pritužbe ili vapaja dok je trpio žestoke kušnje.

Priznao je: *"Zar mi je i danas tužaljka buntovna? Teška mu ruka iz mene vapaj budi"* (Knjiga o Jobu 23:2) i: *"Živoga mi Boga što mi pravdu krati i Svesilnog koji mi dušu zagorča"* (Knjiga o Jobu 27:2).

Job je pokazao svoju zloću i opačine svoje u kušnjama u kojima mu je život bio ugrožen, čak iako je pohvaljen kao „neporočan i pravedan čovjek". Pa tko, onda, može tvrditi da je bezgrješan u očima Boga, koji je sâma svjetlost bez ikakve tame u Njemu?

U Božjim očima svi ostaci grijeha u vašem srcu, kao što su mržnja ili zavist, kao i grješna djela, kao što su udaranje, svađanje ili krađa, smatraju se grijehom. O tome nam Bog izrijekom govori u Prvoj Ivanovoj poslanici 1:8: *„Kad god reknemo da grijeha nemamo, sami sebe varamo, i u nama nema istine".*

Prihvaćanje Isusa Krista

Bog ljubavi poslao je svojeg Sina Jedinorođenca Isusa na zemlju da nas otkupi od grijeha naših. Za nas je Isus bio razapet i prolio svoju dragocjenu krv koja je bez mana i bez grijeha. Kažnjen je za naše grijehe. Međutim, trećega dana, nakon što je slomio silu smrti, On je uskrsnuo od mrtvih. Četrdeset dana nakon Njegova uskrsnuća Isus je uzišao na nebo naočigled svojih učenika, obećavajući da će ponovno doći i da će nas odvesti u nebo (Djela apostolska 1).

Dakle, primit ćete Duha Svetoga kao dar i bit ćete opečaćeni kao djeca Božja kada povjerujete u put spasenja i prihvatite Isusa Krista kao svojeg Spasitelja u svom srcu. Tek tada ćete primiti i pravo da postanete djeca Božja, kao što nam je obećano u Evanđelju po Ivanu 1:12: *„A svima koji ga primiše, dade moć da postanu djeca Božja: onima koji vjeruju u Ime njegovo".*

Pravo da se postane djetetom Božjim

Pretpostavimo da se rodi novorođenče. Njegovi roditelji prijavljuju njegovo rođenje kod matičara i registriraju njegovo ime kao svojega sina. Isto tako, ako se ponovno rodite kao dijete Božje, Vaše je ime zabilježeno u Knjizi života na nebesima i dobivate nebesko državljanstvo.

Dakle, dok ste na prvoj razini vjere, postajete djetetom

Božjim prihvaćanjem Isusa Krista i opraštaju Vam se Vaši grijesi (Prva Ivanova poslanica 2:12), a Boga nazivate „Ocem" (Poslanica Galaćanima 4:6). Također ste radosni jer ste primili Duha Svetoga premda ne poznajete Božju Riječ istine, ali promatranjem okoline možete osjetiti Božju prisutnost.

Dakle, prva razina vjere zove se „vjera za zadobivanje spasenja" ili „vjera za primanje Duha Svetoga", a jednaka je vjeri dječice ili vjeri od sijena koje smo ranije opisali.

2. Jeste li primili Duha Svetoga?

U Djelima apostolskim 19:1-2 Pavao, apostol koji se posvetio naviještanju evanđelja poganima, susreo je neke učenike u Efezu i upitao ih: *„Jeste li primili Duha Svetoga kad ste postali vjernici?"* A oni će njemu: *„Čak ni čuli nismo da postoji Duh Sveti".* Oni su primili krštenje vodom za obraćenje koje je davao Ivan Krstitelj, ali ne i krštenje Duhom Svetim kao Božji dar.

Kao što nam je Bog obećao u Joelu 2:28 i u Djelima apostolskim 2:17 da će posljednjih dana izliti duha svoga na svako tijelo, On je i ispunio to obećanje i ljudi koji su primili Božjega Duha, Duha Svetoga, ustanovili su crkvu. Međutim, baš kao i učenici u Efezu, ima mnogo onih koji tvrde da vjeruju u Boga, ali ne poznaju Duha Svetoga i ne znaju što je to krštenje Duhom Svetim.

Ako ste primili pravo zvati se djecom Božjom kad ste prihvatili Isusa Krista, On Vam na dar daje Duha Svetoga kao jamstvo toga prava. Dakle, ako ne poznajete Duha Svetoga, ne možete se ni zvati niti smatrati djetetom Božjim. U Drugoj poslanici Korinćanima 1:21-22 stoji: „*Bog koji nas zajedno s vama jača u Kristu i koji nas je sve pomazao također je on koji nam je utisnuo svoj pečat i stavio nam u srca zalog – Duha*".

Primanje Duha Svetoga

U Djelima apostolskim 2:38-39 u pojedinosti se objašnjava način na koji možemo primiti Duha Svetoga: „*Obratite se – odgovori im Petar – i neka se svaki od vas krsti u Ime Isusa Krista za oproštenje grijeha; tada ćete primiti dar, Duha Svetoga. Vama, naime, pripada to obećanje, vašoj djeci i svima koji su daleko koliko ih god pozove k sebi Gospodin, naš Bog*".

Svima su oprošteni grijesi i svi primaju Duha Svetoga ako priznaju svoje grijehe, ako se skrušeno za njih pokaju i ako vjeruju da je Isus njihov Spasitelj.

Primjerice, u Djelima apostolskim 10 nalazimo poganina Kornelija u Cezareji. Jednog je dana apostol Petar posjetio njegov dom i naviještao evanđelje Isusa Krista njemu i njegovoj obitelji. Dok je Petar naviještao evanđelje, Duh Sveti je sišao na njih i oni su počeli govoriti tuđim jezicima.

Ljudi koji prime Duha Svetoga prihvaćanjem Isusa Krista kao svojeg Spasitelja nalaze se na prvoj razini vjere. Međutim, oni jedva da će biti spašeni jer još uvijek nisu od sebe odbacili svoje grijehe boreći se protiv njih, nisu izvršili dužnosti koje im je Bog dao niti su slavili Oca.

Zločinac koji je bio razapet na križ pokraj Isusa prihvatio Ga je kao svojeg osobnog Spasitelja, a mjera njegove vjere također je na prvoj razini vjere.

3. Vjera zločinca koji se pokajao

Evanđelje po Luki 23 govori nam o dvojici zločinaca koji su bili razapeti pokraj Isusa, jedan zdesna, drugi slijeva. I dok je jedan od njih pogrđivao Isusa, drugi je zločinac ukorio prvog i prihvatio Isusa kao Spasitelja kajući se za svoje grijehe. Rekao je: „*Isuse, sjeti me se kad dođeš u svoje kraljevstvo!*" (redak 42), a Isus mu odvrati: „*Zaista, kažem ti, danas ćeš sa mnom biti u raju!*" (redak 43)

„Raj" koji je Isus obećao zločincu je na samom rubu neba. Onamo će ući ljudi na prvoj razini vjere i ondje će zauvijek obitavati. Spašenim dušama u raju ne daju se nikakve nagrade. Ovaj spašeni zločinac priznao je svoje grijehe po svojoj čistoj savjesti i oni su mu oprošteni jer je prihvatio Isusa Krista kao svojega Spasitelja.

Međutim, on nije učinio ništa za Gospodina tijekom svojeg života na ovoj zemlji. I zato i jest dobio obećanje raja u kojemu nema nagrada. Ako ljudi ne njeguju svoju vjeru, malu kao gorušičino zrno, čak ni nakon što prime Duha Svetoga prihvaćanjem Isusa Krista, oni jedva da će biti spašeni i živjet će vječno u raju bez ikakve nagrade.

Međutim, ne smijete misliti da se samo novi vjernici ili početnici u vjeri nalaze na toj prvoj razini vjere. Čak i ako ste dugo vremena vodili kršćanski život i djelovali kao starješina ili đakon, primit ćete sramotno spasenje ako se vaše djelo pretvori u pepeo u kušnji vatrom.

Zato se morate moliti i nastojati živjeti po Riječi Božjoj nakon što primite Duha Svetoga. Ako ne živite po Riječi, nego umjesto toga nastavite griješiti, Vaše će ime biti izbrisano iz

Knjige života na nebesima i nećete ući u raj.

4. Ne gasite Duha Svetoga

Ima ljudi koji su nekoć bili vjernici, ali su postupno postali mlaki u svojoj vjeri iz raznih razloga, oni jedva da će primiti spasenje. Jedan starješina iz moje crkve vjerno je služio u mnogim crkvenim stvarima, pa se njegova vjera izvana činila jakom. Međutim, jednog se dana iznenada ozbiljno razbolio. Nije mogao čak niti govoriti i došao je da primi moju molitvu. Umjesto da molim za njegovo ozdravljenje, molio sam za njegovo spasenje. U tom je trenutku njegova duša bila izmučena strahom od borbe između anđela koji su ga pokušavali odnijeti u raj i zlih duhova koji su ga pokušavali odnijeti u pakao. Da je imao dovoljno vjere da bude spašen, zli duhovi ne bi ni bili došli da ga odvedu. Smjesta sam molio da odagnam zle duhove, a molio sam i Boga da primi tog čovjeka. Odmah nakon molitve on je primio utjehu i počeo plakati. Pokajao se tik pred smrt i bio je jedva spašen.

Isti je taj čovjek jednom prije ozdravio nakon što je primio moju molitvu, pa se čak i njegova supruga vratila sa samog praga smrti zahvaljujući mojoj molitvi. Slušajući Riječ života, njegova je inače disfunkcionalna obitelj postala vrlo sretnom. Otada je sazrijevao u vjernog Božjeg slugu svojim nastojanjima i bio je vjeran u svojim dužnostima.

Međutim, kad se naša crkva suočila s kušnjom, on je nije

pokušavao obraniti ni zaštititi, nego je umjesto toga dopustio da mu misli kontrolira Sotona. Riječi koje su izlazile iz njegovih usta izgradile su veliki zid grijeha između njega i Boga. Naposljetku, više se nije mogao nalaziti pod Božjom zaštitom i na nj je udarila opaka bolest.

Kao sluga Božji, on nije smio ni gledati niti slušati ništa što se protivilo istini i Božjoj volji, ali, umjesto toga, on je želio slušati takve stvari i širiti ih. Jedino što je Bogu preostalo bilo je da odvrati svoje lice od tog čovjeka jer je on okrenuo leđa velikoj milosti Božjoj po kojoj je ozdravljen od ozbiljne bolesti. Njegove su se nagrade srušile, a on nije mogao smoći snage za molitvu. Njegova je vjera nazadovala i na koncu je stugla do točke u kojoj više nije mogao biti siguran ni u spasenje.

Nasreću, budući da se Bog sjećao njegove službe crkvi u prošlosti, taj je čovjek uspio primiti makar sramotno spasenje nakon što mu je Bog udijelio milost pokajanja za sve što je učinio.

Stoga morate shvatiti da su Bogu dubina vašeg srca prema Njemu i djelovanje u skladu s Njegovom voljom važniji od godina Vaše vjere. Ako redovito odlazite u crkvu, ali izgradite zid grijeha neposluhom prema Riječi Božjoj, Duh Sveti nestaje iz Vas, Vi gubite vjeru koja je mala poput gorušičina zrna (Prva poslanica Solunjanima 5:19), i nećete primiti spasenje.

U Poslanici Hebrejima 10:38 Bog kaže: *„A moj će pravednik živjeti od vjere; ako li otpadne, nije mi mio".* Koliko ćete samo biti jadni ako budete godinama rasli u vjeri samo da biste se ponovno vratili svijetu! Morate bdjeti cijelo vrijeme da ne biste došli u iskušenje ili doživjeli nazadovanje svoje vjere.

5. Je li Adam bio spašen?

Mnogi se pitaju što se dogodilo s Adamom i Evom nakon što su kušali od ploda sa stabla spoznaje dobra i zla. Jesu li oni mogli biti spašeni, čak i nakon što su bili prokleti i prognani iz Edenskog vrta zbog svojeg neposluha?

Hajde da malo bolje razmotrimo proces tijekom kojega je prvi čovjek, Adam, iskazao neposluh Božjoj zapovijedi. Nakon što je Bog stvorio nebo i zemlju, On je načinio čovjeka od praha zemaljskog na svoju sliku. Kad je udahnuo dah života u čovjeka, čovjek je oživio. Potom je On posadio Edenski vrt na istoku Edena koji ga je odvajao od zemlje i odveo ga onamo.

U Edenskom vrtu, u kojemu je sve bilo ljepše i obilatije nego na bilo kojem drugom mjestu na zemlji, Adam nije imao nikakvih želja i uživao je blagoslov vječnoga života i pravo upravljanja svime. Osim toga, Bog mu je podario i pomagača i blagoslovio ih da budu plodni, da se množe i da napune zemlju. Dakle, Bog je blagoslovio prvog čovjeka, Adama, da živi u najboljem okružju bez ikakvih potreba.

Međutim, samo je jedno Bog zabranio. Rekao je: *„Ali sa stabla spoznaje dobra i zla da nisi jeo! U onaj dan u koji s njega okusiš, zacijelo ćeš umrijeti!"* (Knjiga postanka 2:17) To je znak Božje apsolutne vlasti i pokazuje da je On uspostavio red između sebe i čovječanstva.

Nakon što je proteklo mnogo vremena, Adam i Eva zanemarili su Božju zapovijed i kušali su od ploda sa stabla jer ih je iskušavala zmija. Zgriješili su i umrli su duhom kao rezultat svojih grijeha te su naposljetku postali tjelesni i grješni.

Morali su biti prognani iz Edenskog vrta i živjeti na zemlji usred raznovrsnih patnji, kao što su bolesti, suze, tuge i boli, i umrli su kad se potrošio njihov dah života, baš kao što je Bog i rekao: *„Zacijelo ćeš umrijeti!"*

Jesu li Adam i Eva zadobili spasenje i otišli u raj? Iskazali su neposluh Božjoj zapovijedi i zgriješili prema Njemu. Zbog toga neki argumentiraju ovako: „Nisu bili spašeni jer su zgriješili i prouzročili prokletstvo svih stvari i da njihovi potomci žive u patnji". Pa ipak, Bog ljubavi otvorio je put spasenja i za njih. Njihova su srca ostala čišća i nježnija prema Bogu, čak i nakon što su zgriješili, za razliku od današnjih ljudi čija su srca okaljana svakom vrstom grijeha i zla u ovom svijetu punom opačina.

Kao posljedica svojega grijeha, Adam je morao mukotrpno raditi u znoju lica svoga, za razliku od vremena kad je živio u Edenskom vrtu, a Eva je morala trpjeti nesnosne bolove pri porodu, što nije bio slučaj u Edenskom vrtu. Također, oboje njih bili su svjedocima toga da jedan njihov sin ubija drugoga.

Kroz te patnje i iskustva Adam i Eva počeli su shvaćati koliko su dragocjeni bili blagoslovi i obilje u kojima su uživali u Edenskom vrtu. Nedostajalo im je vrijeme kad su živjeli u Božjoj ljubavi i zaštiti. U svojim su srcima priznali da je sve što su uživali u Edenskom vrtu bio blagoslov i ljubav Božja, i iz dubine srca su se pokajali zbog svojega neposluha Božjoj zapovijedi.

Pa kako Bog ljubavi, koji oprašta čak i ubojici ako se on pokaje iz dubine svoga srca, ne bi primio njihovo pokajanje? Zapravo, Bog sâm ih je stvorio svojim rukama i dugo vremena odgajao u milosti i brizi svojoj. Kako bi ih Bog mogao poslati u pakao?

Bog je prihvatio pokajanje Adama i Eve i odveo ih na put spasenja u svojoj ljubavi. Naravno da su oni jedva spašeni i jedva ušli u raj. I to zato što su okrenuli leđa Božjoj ljubavi iako ih je On iskreno ljubio. Njihov neposluh nije bio beznačajan jer je sa sobom donio velike boli Božjem srcu, a na bezbrojne naraštaje iza njih donio je smrt i boli.

Pretpostavimo da postoji novorođenče koje ne raste čak ni nakon dugo vremena. Ako novorođenče lijepo raste, njegovi su majka i otac zadovoljni. Međutim, ako novorođenče dobro jede, ali ne raste, tjeskoba i zabrinutost njegovih roditelja rastu iz dana u dan.

Isto tako, kada jednom primite Duha Svetoga i kada budete imali vjere koliko je gorušičino zrno, morate nastojati poboljšati svoju vjeru učenjem i pridržavanjem Riječi Božje. Tek onda ćete moći dobiti sve što zatražite u Ime Gospodnje, dati slavu Bogu i napredovati na putu u kraljevstvo nebesko.

U Ime našega Gospodina molim da se ne zadovoljite samom činjenicom da ćete biti spašeni i da ste primili Duha Svetoga, nego da nastojite postići veću mjeru vjere i uživati prava i blagoslove ljubljene djece Božje!

5. poglavlje

Vjera nastojanja življenja po Riječi

1
Druga razina vjere
2
Najteža faza života u vjeri
3
Vjera Izraelaca tijekom izlaska iz Egipta
4
Osim ako ne povjerujete i ne poslušate
5
Nezreli i zreli kršćani

„Prema tome, otkrivam ovaj zakon:
premda hoću činiti dobro, u meni je zlo.
Jer, s obzirom na unutarnjeg čovjeka,
radosno pristajem uza zakon Božji,
ali vidim drugi zakon u svojim udovima
koji se bori protiv zakona moga uma
te me drži zasužnjenim u zakonu grijeha
koji je u mojim udovima.
Jadan ti sam ja čovjek!
Tko će me izbaviti od ovoga smrti podložnoga tijela?
Neka je hvala Bogu po Isusu Kristu, Gospodinu našemu!
Prema tomu, ja sâm
umom svojim služim zakonu Božjem,
a tijelom zakonu grijeha".
(Poslanica Rimljanima 7:21-25)

Kako se budete upuštali u svoj život u Kristu i primili Duha Svetoga, postajat ćete gorljivi i usrdni u svom životu u vjeri i bit ćete napunjeni radošću spasenja. Nastojat ćete biti poslušni Riječi Božjoj ako spoznate Boga i nebo. Duh Sveti pomaže Vam da razumijete istinu i da slijedite put istine. Ako iskažete neposluh Riječi Božjoj, osjećat ćete se jadnima jer se Duh Sveti u Vama buni i postupno ćete spoznavati što je grijeh.

Na taj način, premda na početku imate vjeru po kojoj jedva da ćete biti spašeni, nastojite živjeti po Riječi Božjoj kako Vaša vjera sazrijeva. Hajde da se u pojedinosti pozabavimo načinom na kojii ćete u toj fazi voditi svoj život.

1. Druga razina vjere

Kad ste spašeni po vjeri u Isusa Krista i kad se nalazite na prvoj razini vjere, možda ćete počiniti grijeh i ne znajući jer samo ograničeno poznajete Riječ Božju. Isto se to događa s novorođenčetom koje se ne srami čak ni kada je golo.

Međutim, ako slušate Riječ Božju i duhovno osjećate da u toj Riječi ima života, gorljivo ćete željeti slušati tu Riječ i moliti se Bogu. Kako buidete gledali vjerne crkvene djelatnike, tako ćete i Vi željeti voditi vjeran život u Kristu.

Kao posljedica toga i postupno, okrenut ćete leđa

ovosvjetovnim načinima življenja, odlazit ćete u crkvu i nastojat ćete slušati Riječ Božju. Nekoć ste uživali u društvu svojih svjetovnih prijatelja, ali sada želite slijediti duhovna učenja i prijateljstva jer Vaše srce traži Duha.

Na drugoj razini vjere učite kako voditi dobar kršćanski život kao dijete Božje putem poruka propovjednika i svjedočenja druge braće i sestara u Kristu.

Naravno da ćete naučiti živjeti kao kršćanin. Održavajte svetim Dan Gospodnji i dajite cijelu desetinu prihoda u Božji hram. Naučit ćete da uvijek morate biti radosni, da morate neprestance moliti i zahvaljivati Bogu u svakom trenu. Naučit ćete ljubiti svoje susjede kao svoje vlastito tijelo, pa čak i ljubiti svoje neprijatelje. Također će Vas učiti da ne samo da morate od sebe odbaciti svaku vrstu zla, kao što su mržnja, zavist, osuda ili kleveta, nego da morate i naličiti Božjem srcu. Na tom raskrižju donosite odluku da živite po Riječi.

2. Najteža faza života u vjeri

Na taj ćete način nastojati iskazivati poslušnost Riječi Božjoj jer ste spoznali istinu. Međutim, ujedno ćete osjećati i teret jer nije uvijek lako živjeti po toj Riječi. Čini se da je Vaše djelo u suprotnosti s Vašom voljom.

U mnogim slučajevima niti ne možete živjeti po Riječi jer Vam još uvijek nije dano dovoljno duhovne snage da slijedite Riječ Božju. Neki će možda čak i uzdisati i jadikovati govoreći: „Da barem nikad nisam upoznao crkvu".

Dopustite mi da Vam to pojasnim na temelju primjera. Želite

poštovati Dan Gospodnji svake nedjelje, ali ćete možda koji put propustiti njegovo poštivanje zbog nekog društvenog okupljanja ili dogovora. Katkad pak idete na nedjeljnju jutarnju misu, ali propustite nedjeljnju večernju misu. Ponekad odete na vjenčanje svojega prijatelja ili rođaka i uopće ne odete na nedjeljnju misu. Također znate da Bogu morate dati cijelu desetinu svojih prihoda, ali ponekad ne poslušate tu zapovijed. Drugi se pak put nađete ispunjeni mržnjom prema drugima iako nastojiti ne mrziti. Pogled na privlačnu osobu suprotnog spola u Vama budi požudu jer taj element grijeha i zla još uvijek ostaje u Vašem srcu (Evanđelje po Mateju 5:28).

Slično tomu, ako se nalazite na drugoj razini vjere, dajete sve od sebe da budete poslušni Riječi Božjoj, čak iako Vam još uvijek nije dana snaga da joj budete u cijelosti poslušni. Unatoč tomu, nastojite na sve načine od sebe odbaciti svoje grijehe, kao što su osuđivanje drugih, zavist, ljubomora, preljub i tome slično, koji su svi protivni Riječi Božjoj.

Neiskazivanje poslušnosti Riječi Božjoj uvijek

U Poslanici Rimljanima 7:21-23 apostol Pavao u pojedinosti raspravlja o tome zašto je druga razina vjere najteža faza života u vjeri:

> *Prema tome, otkrivam ovaj zakon: premda hoću činiti dobro, u meni je zlo. Jer, s obzirom na unutarnjeg čovjeka, radosno pristajem uza zakon Božji, ali vidim drugi zakon u svojim udovima koji se bori protiv zakona moga uma te me drži zasužnjenim u zakonu grijeha koji*

je u mojim udovima.

Ima kršćana koji se osjećaju tjeskobno jer poznaju Riječ, ali ne poštuju zapovijedi Božje. Dužnost je duhovnih vođa da ih mudro odvedu na put istine. Pretpostavimo da postoji čovjek koji ne uspijeva prestati pušiti ili piti. Ako ga ukorite i kažete mu: „Ako nastaviš pušiti ili piti, Bog će se naljutiti na tebe", on će oklijevati uopće dolaziti u crkvu i naposljetku će posve napustiti Boga. Bolje bi bilo da ga ohrabrite i kažete mu: „Vrlo je lako prestati pušiti i piti jer ti Bog u tome pomaže. Kako tvoja vjera bude rasla, tako će ti sve lakše biti prestati. Dakle, molim te da se neprestance u vjeri moliš Bogu". U tom slučaju nećete ga natjerati da dođe k Bogu s osjećajem krivnje i sa strahom od kazne. Umjesto toga, trebali biste ga potaknuti da dođe k Bogu s radošću i zahvalnošću te s osjećajem uvjerenja u Božju ljubav.

Kao drugi primjer, pretpostavimo da postoji čovjek koji odlazi samo na jutarnju nedjeljnju misu, ali poslijepodne otvara svoju trgovinu. Što biste mu rekli? Bolje bi bilo da ga vodite i da ga blago opomenete i da mu kažete: „Bogu je milo kad poštuješ cijeli Dan Gospodnji. Ako poštuješ Dan Gospodnji i ako se moliš za Njegove blagoslove, sigurno ćeš vidjeti da će te Bog blagosloviti obilnije nego što možeš zaraditi otvaranjem trgovine na Dan Gospodnji".

Unatoč tomu, to ipak ne znači da je u redu da mjera nečije vjere ostane nepromjenjiva i da ne raste. Baš kao što to primijetimo u odrastanju djeteta koje bez ispravnog i pravodobnog rasta obolijeva ili umire, tako i vjera takvog pojedinca slabi s vremenom i on će se veoma udaljiti od puta spasenja. A kako će biti jadno ako ne bude mogao biti spašen! Isus nam u Otkrivenju 3:15-16 govori: *„Znam tvoja djela: niti si studen niti vruć! Oh, kad bi bio studen ili vruć! Ali, jer si mlak – ni vruć ni studen – izbacit ću te iz svojih usta".* Bog nas kori i opominje da ne možemo biti spašeni po mlakoj vjeri. Ako je Vaša vjera studena, Bog će Vas uspjeti odvesti do pokajanja i spasenja pripuštajući Vam kušnje. Međutim, ako imate mlaku vjeru, neće Vam biti lako da se nađete i pokajete za svoje grijehe.

3. Vjera Izraelaca tijekom izlaska iz Egipta

Ako ne uspijevate živjeti po Riječi Božjoj, skloni ste pritužbama ili jadikovanjima zbog svojih poteškoća, umjesto da ih nadvladate s vjerom i radošću. Unatoč tomu, Bog ljubavi tolerira i neprestance Vas ohrabruje da živite i ostanete u istini.

Hajde da uzmemo jedan primjer. Izraelci su bili sužnjevi u Egiptu otprilike 400 godina. Iz Egipta su izišli pod vodstvom Mojsija i vidjeli su moćna djela Božja kako se događaju više puta dok su koračali prema kanaanskoj zemlji.

Svjedočili su da je deset pošasti bačeno na Egipat, da se voda crvenog mora razdijelila nadvoje i da se gorka voda Mare pretvorila u slatku, pitku vodu. Također su jeli i manu i prepelice koje su padale s neba dok su prelazili pustinju Sinaj. Svjedočili su djelima Božje čudesne moći na takav način.

Pa ipak, tužili su se i jadikovali, umjesto da mole s vjerom kadgod bi se suočili s poteškoćama. Unatoč tomu, Bog, koji je obilje ljubavi, smilovao se i bio uz njih i vodio ih i danju i noću sve dok nisu stigli u Obećanu zemlju.

Ljudi koji se tuže i zamjeraju

Zašto su Izraelci i dalje gunđali i mumljali svaki put kad bi bili stavljeni na kušnju ili izloženi teškoćama? To nije bilo zbog same situacije u kojoj su se našli, nego zbog njihove vjere. Da su imali pravu vjeru, uživali bi u kanaanskoj zemlji, Obećanoj zemlji, iako su se u stvarnosti nalazili u pustinji.

Drugim riječima, da su vjerovali da će ih Bog sigurno odvesti do zemlje kanaanske, došli bi do nje nadvladavajući sve vrste teškoća, a da pritom ne bi osjećali ni tjeskobu niti boli bez obzira na kakve poteškoće naišli u pustinji.

Ovisno o vrsti vjere i stavu koji ljudi zauzimaju, i njihove se reakcije mogu razlikovati čak i u istom okružju ili u istim situacijama. Neki se osjećaju tjeskobno u teškoćama, drugi ih pak prihvaćaju s osjećajem dužnosti, a opet ima i onih koji usred tih poteškoća pronalaze volju Božju i bivaju joj poslušni s radošću i zahvalnošću.

Kako voditi život u Kristu puni zahvalnosti i bez pritužbi? Dopustite da Vam to pojasnim na temelju primjera. Pretpostavimo da živite u Seulu i da ste u nezavidnoj financijskoj situaciji.

Jednog dana netko Vam priđe i kaže Vam: „Komad dijamanta veličine nogometne lopte zakopan je na nekoj plaži u Pusanu, otprilike 266 milja jugoistočno od Seula. Tvoj je ako ga pronađeš. Možeš hodati ili trčati do obale, ali ne smiješ se voziti automobilom, autobusom, vlakom niti zrakoplovom da onamo dospiješ".

Kako biste Vi reagirali? Nikad ne biste rekli: „U redu. Dijamant je moj zato što mi ga je on dao pa ću otići onamo sljedeće godine" ili „Otići ću onamo sljedećeg mjeseca jer sam ovih dana strašno zauzet". Zacijelo biste se požurili da započnete s trčanjem u trenutku kad biste čuli tu vijest.

Kad bi ljudi čuli istu tu vijest, većina njih bi potrčala u smjeru Pusana i išli bi najkraćim putom kako bi što je prije moguće dobili taj dragocjeni dijamant. Nitko ne bi posustao na putu do Pusana unatoč boli u nogama ili iscrpljenosti. Umjesto toga, brzo biste trčali kako biste dobili dragocjeni dijamant sa zahvalnošću i radošću i bez pritužbi na bolove u nogama.

Isto tako, ako imate uvjerenje i nadu u vječno i prekrasno kraljevstvo nebesko i nepromjenjivu vjeru, možete istrčati utrku vjere bez pritužbi u svim okolnostima sve dok ne dođete na nebo.

Poslušni ljudi

Ako ste poslušni Riječi Božjoj, ne osjećate tjeskobu niti teret u svom kršćanskom životu, nego samo zadovoljstvo i radost. Ako se osjećate nelagodno u svom životu u vjeri, to je samo dokaz da niste poslušni Riječi Božjoj i da ste zastranili protivno Njegovoj volji.

Evo jedne usporedbe. U drevna vremena konji su služili za vuču kola. Konji su često bivali bičevani iako su radili za svojeg gospodara. Nisu morali biti bičevani da su bili poslušni gospodaru, ali ako bi krenuli vlastitim putom, ne slušajući gospodara, nisu mogli izbjeći žestoko bičevanje.

Isto se događa s ljudima koji nisu poslušni Riječi Božjoj. Takvi ljudi idu vlastitim putovima i izazivaju gunđanje Gospodara. S vremena na vrijeme bivaju i bičevani. Za razliku od njih, ljudi koji su poslušni Riječi Božjoj i koji govore: „Bože, reci mi. Ja ću slijediti samo Tebe" vode mirne i jednostavne živote. Primjerice, Bog nam zapovijeda: „Ne kradi". Ako poslušate tu zapovijed, osjećat ćete mir. Međutim, ako je ne poslušate, osjećate nelagodu jer imate želju za krađom. Sasvim je prirodno da će dijete Božje od sebe odbaciti sve što mu Bog zapovijeda da od sebe odbaci. Ako to ne učini, ono u svom srcu osjeća tjeskobu.

I zato nam u Evanđelju po Mateju 7:13-14 Isus govori: „*Uđite na uska vrata! Jer, široka su vrata i prostran je put što vodi u propast, i mnogo ih je koji idu njim. Kako su uska vrata i tijesan put što vodi u život, i malo ih je koji ga nalaze!*"

Početnicima u vjeri je teško i biti poslušnima Riječi Božjoj, baš kao što je teško pokušati ući na uska vrata. Međutim, oni postupno počinju shvaćati da je to put do neba i jedini put istine i sreće.

4. Osim ako ne povjerujete i ne poslušate

Vjerojatno ste već više puta čuli sljedeće retke iz prve poslanice Solunjanima 5: „*Uvijek se radujte! Bez prestanka molite! U svakoj prilici zahvaljujte! Jer, to Bog hoće od vas u Isusu Kristu*" (retci 16-18).

Izgubite li svu radost kad Vam se dogodi nešto tužno? Mrštite li se kad Vas netko uznemirava? Postajete li tjeskobni i zabrinuti kad se nađete u financijskim poteškoćama ili kad Vas netko progoni?

Možda će neki smatrati licemjernim kad vide nekoga

radnosnoga i zahvalnoga čak i u teškim vremenima. Možda će upitati: „Zašto bih trebao biti zahvalan kad nemam na čemu biti zahvalan?" Oni također znaju i to da moraju biti strpljivi, ali se uzrujaju ili reagiraju naprasito kad se suoče s nepodnošljivim situacijama.

U srcu počinjaju preljub kada gledaju neku privlačnu ženu jer još uvijek nisu iz svojega srca odbacili požudu. Sve to dokazuje da takvi ljudi nisu od sebe odbacili svoje grijehe u borbi protiv njih i da nisu poslušni Riječi Božjoj.

Ne čujete glas Duha Svetoga

Ako dobro poznajete Riječ Božju, ali joj niste poslušni, ne možete čuti glas Duha Svetoga niti Vas On može voditi jer ste između sebe i Boga izgradili zid grijeha. Međutim, čak i početnik u vjeri može čuti Njegov glas i prepustiti se Njegovu vodstvu ako nastavi biti poslušan Riječi Božjoj. Baš kao što se malo dijete nema čega bojati ako sluša svoje roditelje, tako je i sâm Bog zadovoljan s Vama i vodi Vas kada Ga i dalje slušate, čak i s malo vjere.

Evo jednog primjera. Roditelji se u svakom pogledu brinu za svoje malo dijete. Međutim, oni se ne trebaju brinuti za njega s toliko pažnje kad ono odraste i bude sposobno samo hodati i samo se hraniti. Oni više ne moraju s njim postupati kao s novorođenčetom u trenutku kad ono bude dovoljno staro da krene u osnovnu školu. Pa ipak, roditelji osjećaju bol i tjeskobu ako dijete ne nosi ispravno svoje cipele ili ako ne može činiti nešto što bi već trebalo moći samostalno činiti.

Na isti taj način, ako ste vodili kršćanski život dovoljno dugo da postanete vođa ili djelatnik u svojoj crkvi, morate biti poslušni Riječi Božjoj. Ako slušate Njegovu Riječ, ali nastavite voditi kršćanski život sjećajućin se malog djeteta u sebi ili ako nastavite graditi zid grijeha između sebe i Boga, na Vas će sići Njegove kušnje.

U takvom slučaju nećete moći dobiti uslišanje svojih molitvi od Boga čak ni kada Mu se molite. Ne možete rađati dobrim plodom u svojem životu i primati Božju zaštitu. Nećete napredovati, nego ćete se, štoviše, susretati s poteškoćama. Morat ćete živjeti bolnim i umornim životom ispunjenim tjeskobama i brigama.

Ne primate ni uslišenje od Boga niti Njegovu zaštitu

Ako se nalazite na drugoj razini vjere, dobro znate što je grijeh i da morate od sebe odbaciti sve zlo i svu neistinu. Ako ih niste odbacili od sebe, nego ih još uvijek imate u svojemu umu, kako ćete, bez srama, doći pred Boga, sâmu svjetlost? Vaš neprijatelj Sotona i đavao pristupit će Vam i izazvati u Vama sumnju u Boga i na kraju će Vas iskušavati da se vratite ovomu svijetu.

Bijaše jedan straješina u mojoj crkvi koji je nastojao rađati plodom u brojnim stvarima i pitao se: „Što da učinijm za svojega pastira?"

Međutim, nije bio toliko uspješan jer je tjelesno bio vjeran, ali nije obrezao svoje srce, što je najvažnije. Osramotio je Boga jer niše išao pravim putom zbog svojih tjelesnih misli i srca koje je često tražilo samo vlastitu dobrobit. Također je davao neiskrene primjedbe, ljutio se na druge ljude i u mnogim pogledima iskazivao neposluh Riječi Božjoj.

Nadalje, da nisu potrajali njegovi financijski i međuljudski problemi, ne bi se bio držao vjere, nego bi je kompromitirao nepravednošću. Naposljetku, zbog mjere u kojoj je njegova vjera nazadovala izgubio je sve nagrade koje je zaslužio do tog trenutka, Bog je njegovu dušu pozvao u pravom času.

Stoga, morate shvatiti da nije najvažnija fizička vjernost i naslovi koje Vam daje crkva, nego odbacivanje svojih grijeha kako budete živjeli po Riječi Božjoj.

5. Nezreli i zreli kršćani

Ako se nalazite na prvoj razini vjere, ne osjećate se uznemirenima niti čujete kako Duh Sveti gunđa, čak ni kada počinite grijeh. To je zbog toga što još uvijek ne možete razlikovati istinu od neistine i zato što ne shvaćate da počinjate grijeh čak ni kada se to stvarno događa. Bog Vas ne krivi toliko žestoko kad počinite grijeh jer ne razlikujete istinu od neistine zbog manjkavog poznavanja Riječi Božje.

Baš kao što nitko ne krivi malu bebu kada prevrne čašu s vodom ili razbije fini porculan dok puže po podu. Umjesto toga, njezini roditelji ili drugi članovi obitelji ne krive bebu nego vlastiti nemar.

Međutim, ako dođete na drugu razinu vjere, čut ćete Duha Svetoga kako gunđa unutar Vas i počet ćete osjećati patnju kada počinite grijeh. Još uvijek niste u stanju razumjeti svaku Riječ Božju jer ste u duhu nalik malom djetetu, a nije Vam lako biti poslušni Riječi Božjoj samostalno. I zato se ljudi na prvoj ili drugoj razini vjere nazivaju „kršćanima koji se hrane mlijekom".

Kršćani koji se hrane mlijekom

Apostol Pavao u Prvoj poslanici Korinćanima 3:1-3 piše sljedeće:

A ja, braćo, nisam mogao govoriti vama kao duhovcima, nego kao tjelesnicima, kao maloj djeci u Kristu. Mlijekom vas hranih, ne tvrdim jelom, jer ga još niste mogli podnositi. Čak ni sada još ne možete, jer ste još tjelesnici. Kad, naime, među vama ima zavisti i svađa, zar niste tjelesnici, to jest zar ne živite čisto po ljudsku?

Ako prihvatite Isusa Krista, dobivate pravo postati djetetom Božjim i vaše se ime zabilježava u Knjizi života na nebu. Međutim, s Vama se postupa kao s malim djetetom u Kristu jer još uvijek niste u cijelosti obnovili svetu sliku Božju.

Iz tog razloga, o onima koji se nalaze na prvoj i drugoj razini vjere mora se voditi dobra briga. Mora ih se učiti Riječi Božjoj i ohrabrivati da žive po njoj, baš kao što biste malo dijete hranili mlijekom.

I zato ljude na prvoj ili drugoj razini vjere nazivamo „kršćanima koji se hrane mlijekom". Ako njihova vjera naraste i oni počnu razumijevati i biti poslušni Riječi Božjoj samostalno, onda ih zovemo „kršćanima koji se hrane tvrdim jelom".

Dakle, ako ste kršćanin koji se hrani mlijekom – na prvoj ili drugoj razini vjere – morali biste dati sve od sebe da postanete kršćanin koji se hrani tvrdim jelom. Međutim, morate imati na umu da ne možete silom prijeći iz života kršćanina koji se hrani mlijekom na razinu kršćanina koji se hrani tvrdim jelom. Ako to učinite, patit ćete od probavnih smetnji, baš kao što je to slučaj i s novorođenčetom kad ga hranite tvrdim jelom.

Dakle, trebali biste se mudro brinuti o svom supružniku, djetetu ili bilo kome tko ima malo vjere. Prvo se morate staviti u njihovu kožu i voditi ih k rastu u vjeri podučavajući ih živom Bogu, umjesto da ih krivite i korite zbog njihove malovjernosti koja je proizvod njihovih tvrdoglavih srca ili neposlušnih djela.

Bog ne kažnjava ljude na prvoj ili drugoj razini vjere, čak ni kada ne poštuju Dan Gospodnji ili kada ne žive potpuno po Njegovoj Riječi. Umjesto toga, On razumije situaciju u kojoj se oni nalaze i vodi ih s ljubavlju. Na taj način, mi moramo razaznavati mjeru naše vjere, baš kao i mjeru vjere drugih i razmišljati mudro već prema mjeri vjeri.

Kršćani koji se hrane tvrdim jelom

Ako nastojite voditi dobar kršćanski život, čak i onda kada se nalazite na prvoj ili drugoj razini vjere, Bog Vas štiti od brojnih problema i kušnji. Unatoč tomu, ne biste se smjeli zaustaviti na mjeri druge razine vjere, ne nastojeći i dalje poboljšati svoju vjeru. Baš kao što su roditelji tjeskobni kada njihova djeca ne rastu dobro, a jako su zadovoljni kad ona dobro rastu, tako i dijete Božje mora gorljivo njegovati svoju vjeru putem Riječi Božje i molitve.

Dakle, s jedne srane, u najpovoljnije vrijeme Bog Vam pripušta poteškoće kako bi Vas mogao odvesti na treću razinu vjere. Ne blagoslivlja Vas samo rašću Vaše vjere, nego i brojnim drugim stvarima. Što veće poteškoće uspijete nadvladati, to će veći biti i Božji blagoslov.

S druge strane, ako ste, pretpostavimo, na trećoj razini vjere, ali živite životom koji bi se očekivao od nekoga na prvoj ili drugoj razini vjere, Bog Vam prirpušta disciplinske kušnje umjesto kušnji za blagoslove.

Pretpostavimo da postoji dijete kojemu nedostaje uravnotežena prehrana jer se ono uporno želi nastaviti hraniti samo mlijekom i ne uzima nikakve druge hranjive tvari. Ako ono inzistira na mlijeku, može se razboljeti, pa čak i umrijeti od pothranjenosti. U takvoj situaciji prirodno je da roditelji daju sve od sebe da dijete hrane hranjivim tvarima.

Isto tako, kada djeca Božja poznaju Njegovu Riječ, ali idu putem smrti i nisu poslušni Riječi Božjoj, Bog – koji po svojemu Sinu, Isusu Kristu, želi zadobiti pravu djecu – pripušta na njih kušnje sa slomljenim srcem na Sotoninu optužbu.

Sa svojom djecom Bog postupa na sljedeći način: *„Jer, koga Gospodin ljubi, onoga kara; on šiba svakoga sina koji mu je drag. Ustrajte ako podnosite karanje! Bog postupa s vama kao sa sinovima. Jer, koji je sin koga otac ne kara?"* (Poslanica Hebrejima 12:6-7)

Ako dijete Božje počini grijeh, ali ga On ne pokara, to samo svjedoči da je ta osoba jako udaljena od Božje ljubavi. Bila bi to tragedija nad tragedijama da ono padne u pakao jer ga Bog više ne prihvaća kao svojega sina.

Stoga, ako na vas padnu Božje kušnje karanja kad počinite grijeh, morate imati na umu da je to samo dokaz Njegove ljubavi i temeljito se pokajati za svoje grijehe. Za razliku od toga, ako Vas

Bog ne pokara čak ni nakon što ste počinili grijeh, onda biste bez predaje trebali nastojati pokajati se za svoje grijehe i primiti oproštenje.

Grijesi vam mogu biti oprošteni ne samo kada se za njih pokajete ustima, nego tek kada okrenete leđa putu grijeha. Iskreno pokajanje s jecanjem ne događa se po vlastitoj volji, nego po milosti Božjoj. Stoga, morate usrdno moliti Boga da vam udijeli milost pokajanja s jecanjem. Ako Njegova milost siđe na Vas, pokajat ćete se u suzama i s jecanjem, a na vidjelo će izići pokajanje koje cijepa vaše srce.

Tek će se tada srušiti zid grijeha između Vas i Boga, a Vaša će se srca okrijepiti i olakšati. Napunit ćete se Duhom Svetim i iz Vas će se prelijevati radost i zahvalnost, a to je samo dokaz da ste uspjeli vratiti ljubav Božju.

Ako ste, pretpostavimo, na trećoj razini vjere, ali se ponašate i živite na način koji je primjeren za one koji su na drugoj razini vjere, bit će Vam pomalo teško dobiti odozgor vjeru po kojoj možete riješiti svoje probleme. Ako bogomdana vjera ne siđe na Vas, nemoguće će da ćete izliječiti svoju bolest vlastitom vjerom i moguće je da ćete završiti oslanjajući se na ovosvjetovne metode. Međutim, ako se temeljito i u suzama pokajete za svoje grijehe i okrenete leđa putu grijeha, uskoro ćete vratiti treću razinu vjere.

Ako ste razumjeli ovo načelo rasta vjere, ne biste se smjeli zadovoljiti sadašnjom razinom svoje vjere. Baš kao što dijete odrasta da pođe u osnovnu školu, potom u srednju školu, fakultet i tako dalje, tako i Vi morate dati sve od sebe da poboljšate svoju vjeru sve dok ne postignete najvišu mjeru vjere.

Ako se nalazite na drugoj razini vjere, Vaša vjera će ubrzo narasti uz ispunjenje Duhom Svetim jer je Vaša vjera, makar mala kao gorušičino zrno, već posađena i već je počela davati izdanke. Drugim riječima, Vaša vjera raste dovoljno da budete poslušni Riječi Božjoj kako se budete oboružavali Njegovom Riječju gorljivim slušanjem Riječi, dolascima na svaku misu i neprestanom molitvom.

U Ime našega Gospodina molim da ne pohranite Riječ Božju kao puko znanje, nego da joj budete i toliko poslušni da biste i krv svoju prolili za nju i da zadobijete još veću vjeru!

6. poglavlje

Vjera življenja po Riječi

1
Treća razina vjere
2
Dok se ne dosegne vjera poput stijene
3
Borba protiv grijeha do prolijevanja krvi

*„Svatko tko čuje ove moje riječi
i izvršava ih
može se usporediti s mudrim čovjekom
koji svoju kuću sagradi na litici.
Udari pljusak, navališe potoci,
puhnuše vjetrovi i jurnuše na tu kuću,
ali se ona ne sruši,
jer bijaše sagrađena na litici".
(Evanđelje po Mateju 7:24-25)*

Različiti ljudi imaju različitu mjeru vjere. Vjera je dar koji Vam Bog daruje u onoj mjeri u kojoj ostvarite istinu u svojem srcu. Kada se Vaša vjera kao znanje pretvori u bogomdanu vjeru, od Njega možete primiti uslišenje.

Kao što sam spominjao u prethodnim poglavljima, kad se kaže da se nalazite na prvoj razini vjere za zadobivanje spasenja, primate Duha Svetoga i ime Vam se zapisuje u Knjigu života na nebesima. Tada počinjete graditi svoj odnos Bogom i nazivati Ga „Bog, moj Otac".

Dalje, kako Vaša vjera bude rasla i kako budete uživali u slušanju Riječi Božje napunjeni Duhom Svetim, pokušavat ćete poslušati ono što Vam je rečeno. Međutim, ipak nećete biti poslušni svakoj Njegovoj Riječi. Osjećate teret prema Riječi Božjoj i ne primate uslišanje svih svojih molitvi. U toj fazi se za Vas kaže da ste na drugoj razini vjere.

Kako dosegnuti sljedeću – treću – razinu vjere na kojoj možete živjeti po Riječi Božjoj? Kakav ćete kršćanski život voditi na trećoj razini vjere?

1. Treća razina vjere

Kada netko prihvati Gospodina i primi Duha Svetoga, u njegovom srcu biva posađeno sjeme vjere, malo kao gorušičino zrno. Ako to zrno vjere dadne izdanke, ono doseže razinu na vjere kojoj pokušavate biti poslušni Riječi Božjoj, a potom doseže još višu razinu vjere na kojoj ste joj Vi uistinu poslušni.

Na početku niste poslušni svakoj Riječi Božjoj iako je slušate, ali kako Vaša vjera raste, uspjet ćete je razumjeti dublje i biti joj više poslušni. Iz tog razloga „vjera poslušnosti" također se naziva i „vjera koja omogućuje razumijevanje".

Razumjeti Riječ Božju razlikuje se od spremanja Riječi Božje u vidu znanja. To jest, pokušavati silom biti poslušni Riječi Božjoj jer znate da je Biblija Riječ Božja posve se razlikuje od dragovoljne i spremne poslušnosti Riječi Božjoj zato što razumijete zašto biste joj trebali biti poslušni.

Poslušnost Riječi Božjoj kroz razumijevanje

Evo jednog primjera. Pretpostavimo da ste poslušali poruku u kojoj je propovijedano ovako: „Ako poštujete Dan Gospodnji i dajete za prinos cijelu desetinu svojih prihoda, Bog će od Vas odagnati sve vrste problema i kušnji. Ozdravit će Vas od svake vrste bolesti. Blagoslovit će Vašu dušu i dati Vam i financijski blagoslov".

Ako mislite da znate Riječ Božju nakon što ste poslušali tu poruku, ali je ne razumijete u svojem srcu, nećete uvijek poštivati Riječ Božju u svom svakodnevnom životu. Možda ćete pokušavati poštivati Riječ Božju misleći: ,Da, to se čini ispravnim', a možda ćete se ponekad pridržavati i zapovijedi, ali koji drugi put nećete je poštivati, ovisno o situaciji. Taj se ciklus može ponavljati sve dok ne zadobijete savršenu vjeru u Riječ Božju.

Međutim, ako počnete razumijevati Riječ Božju i vjerovati u Nju iz dubine svojeg srca, poštivat ćete Dan Gospodnji, davat ćete za prinos cijelu desetinu svojih prihoda i nećete je kompromitirati ni u kojim teškim okolnostima.

Primjerice, pretpostavimo da predsjednik neke tvrtke kaže svim svojim zaposlenicima: „Ako bilo koji od Vas bude radio prekovremeno, platit ću svakome od Vas prekovremene sate i dobit ćete promaknuće". Ako se svaki zaposlenik može odlučiti hoće li raditi prekovremeno, što bi učinili zaposlenici kad bi vjerovali predsjednikovom obećanju?

Zacijelo bi ostali raditi prekovremeno, osim ako ne bi postojali neki posebni razlozi koji bi ih u tome spriječili. Općenito gledano, potrebno je nekoliko godina da se u nekoj tvrtki dobije promaknuće, a potrebno je uložiti mnogo truda da se prođe ispit za promaknuće. Uzimajući sve to u obzir, nijedan djelatnik te tvrtke neće oklijevati da radi prekovremeno, recimo mjesec dana ili čak i dulje.

To također vrijedi i za Božju zapovijed da se poštuje Dan Gospodnji i da se za prinos daje cijela desetina prihoda. Ako u cijelosti vjerujete Božjem obećanju o poštivanju dana Gospodnjeg i davanju cijele desetine, što biste učinili?

Vaša Vam poslušnost donosi blagoslove

Kada poštujete Dan Gospodnji, priznajete apsolutnu vlast Božju. Priznajete Boga kao Gospodara duhovnoga kraljevstva. I zato Vas Bog štiti od svake vrste nesreće i nezgode cijeli tjedan, i blagoslovlja Vas i Vašu dušu ako budete poštovali Dan Gospodnji. Također priznajete Božju apsolutnu vlast i davanjem desetine svojih prihoda za prinos jer priznajete da sve na nebu i na zemlji pripada Bogu. Budući da je Bog Stvoritelj svega, i sâmi život dolazi od Boga, a i snaga pomoću koje ulažete svoj trud i dajete sve od sebe također dolazi od Njega. Drugim riječima, sve priprada Bogu. Po tom načelu sav Vaš prihod pripada Bogu, ali On Vam dopušta da Mu dajete samo destinu prihoda, a da ostatak zadržite za sebe. Malahija 3:8-9 nas podsjeća: „*Smije li čovjek prikraćivati Boga? A vi mene prikraćujete. I pitate: ,U čemu te prikratismo?' U desetini i u prinosu. Udareni ste prokletstvom jer me prikraćujete vi, sav narod!*"

S jedne strane, bivate prokleti ako počinite težak grijeh prikraćivanja Boga za desetinu svojih prihoda. S druge strane, ako Bogu dadnete cijelu desetinu svojih prihoda kao poštivanje Njegove zapovijedi, uvijek ćete biti pod Njegovom zaštitom i primati blagolsove dobre, zbijene, stresene i preobilne mjere (Evanđelje po Luki 6:38).

Ispravno razumijevanje donosi poslušnost

Tek kad uspijete razumjeti pravo značenje Riječi Božje, a ne samo da ga spremite kao znanje, tek onda je možete poštivati i primati blagoslove od Boga koji Vas nagrađuje prema onomu što ste učinili. Međutim, ako ne razumijete pravo značenje Riječi Božje, nećete je moći u cijelosti poštivati čak ni kad se trudite jer je imate i smatrate je samo znanjem u svojoj glavi.

Sukladno tomu, morate nastojati njegovati svoju vjeru. Novorođenče će umrijeti ako se ničim ne hrani. Ono se mora redovito hraniti, gibati svoje ručice i nožice, i gledati, slušati i učiti od svojih roditelja i drugih ljudi. Tijekom tog procesa rastu i znanje i mudrost novorođenčeta i ono raste i sazrijeva dobro i ispravno.

Slično tomu, vjernici ne samo da moraju slušati Riječ Božju, nego i nastojati shvatiti njezino pravo značenje. Kada se molite za poštivanje Riječi Božje, također ćete i uspjeti razumjeti njezino značenje i zadobit ćete snagu da je poštujete.

Primjerice, Bog nam u Prvoj poslanici Solunjanima 5:16-18 govori: *„Uvijek se radujte! Bez prestanka molite! U svakoj prilici zahvaljujte! Jer, to Bog hoće od vas u Kristu Isusu!"* Velika je vjerojatnost da će ljudi na drugoj razini vjere, s osjećajem dužnosti, moliti, zahvaljivati i radovati se jer je to Božja zapovijed. Međutim, oni Mu ne zahvaljuju kada se ne osjećaju zahvalnima niti se raduju kad se suoče s teškim situacijama jer pokušavaju poštivati Riječ Božju samo iz osjećaja dužnosti.

Međutim, ljudi na trećoj razini vjere uspijevaju poštivati Riječ Božju jer stoje na vjeri čvrstoj kao stijena. Oni razumiju zašto bi u svakom trenutku trebali zahvaljivati, zašto bi se trebali neprestance moliti i zašto bi se uvijek trebali radovati. Tako da se oni uvijek raduju i zahvaljuju iz dubine svojih srca i mole bez prestanka u svim okolnostima.

Pa zašto nam, onda, Bog zapovijeda da se radujemo u svakom trenutku? Koje je pravo značenje te zapovijedi? Ako se radujete samo onda kad Vam se dogodi nešto radosno i sretno, a ne radujete se kada se suočite s problemima ili brigama, niste ništa bolji od ovosvjetovnih ljudi koji ne vjeruju u Boga.

Ti su ljudi u potrazi za ovosvjetovnim stvarima jer ne znaju otkud dolaze ljudska bića ni kamo idu. Dakle, oni se raduju samo kad su im životi ispunjeni ugodnim i sretnim događajima i razlozima. U protivnom, shrvani su i obuzeti brigama, tjeskobom, tugom ili boli koje dolaze od ovoga svijeta.

Međutim, vjernici uspijevaju voditi sasvim drukčiji život od tih ljudi jer imaju nadu u nebesa. Mi, kao vjernici, ne smijemo se brinuti niti biti tjeskobni jer je naš pravi Otac Bog koji je stvorio nebo i zemlju i koji upravlja svime i ljudskom poviješću. Pa čemu da se brinemo i čega da se bojimo? Nadalje, budući da ćemo uživati život vječni u kraljevstvu nebeskom po Isusu Kristu, niti nemamo drugog izbora, osim da se radujemo.

Vjera da se bude poslušan Riječi Božjoj

Ako iz dubine svojeg srca razumijete Riječ Božju, možete se radovati čak i u vremenima kad se ne možete radovati, zahvaljivati u svakom trenutku čak i kad Vam je teško zahvaljivati i moliti se čak i u vremenima kad Vam se teško nakaniti da molite. Tek će tada od Vas otići Vaš neprijatelj, đavao, napustit će Vas problemi i poteškoće i riješit će se sve vrste problema jer je s Vama Svemogući Bog.

Ako tvrdite da vjerujete u Boga Svemogućega, ali se još uvijek brinete ili se nevoljko radujete kad se suočite s nekim problemom, nalazite se na drugoj razini vjere.

Međutim, ako se preobrazite i počnete razumijevati Riječ Božju i ako se iz dubine svojeg srca radujete i zahvaljujete, nalazite se na trećoj razini vjere. Kad se nalazite na trećoj razini vjere, događa se sljedeće: što više budete nastojali služiti drugima i ljubiti ih, to će više nestajati mržnja, a Vaše će se srce, malo pomalo, ispuniti duhovnom ljubavlju kako biste mogli ljubiti čak i svoje neprijatelje. To je zato što sad iz dubine svojega srca razumijete ljubav Božju, koji je na se uzeo neuglađeni križ radi grješnika. Isusa su opaki grješnici razapeli, izvrgnuli ruglu i bičevali iako je On činio samo dobro i bio besprijekoran. Nije mrzio one koji su Ga razapeli, koji su Ga vrijeđali i izvrgavali ruglu, nego je molio Boga da im oprosti. Naposljetku je pokazao svoju veliku ljubav dajući i svoj život za njih.

Može biti da ste mrzili one koji su Vas povrijedili ili oklevetali bez ikakvog razloga prije nego što ste spoznali veliku ljubav Isusa, svojega Gospodina. Međutim, možda sada mrzite njihove grijehe, ali ne mrzite njih same. Osim toga, ne zavidite onima koji rade više ili su pohvaljivani više od Vas, nego se, umjesto toga, radujete zajedno s njima i to ih više ljubite u Kristu. Možda ste sumnjali u Riječ Božju ili je prosuđivali prema svojim vlastitim mislima kad ste je prvi puta čuli, ali sada primate Riječ Božju s radošću, bez sumnje ili osude. Na toj trećoj razini vjere iskazujete poslušnost Riječi Božjoj, svakoj Njegovoj zapovijedi.

Za Božje je nagrade potrebna vjera popraćena djelima

Prije nego što sam spoznao Boga, sedam sam godina bolovao od svakovrsnih bolesti i zvali su me „skladište bolesti". Uložio sam sav svoj trud kako bih se izliječio, ali sve je bilo uzalud, a moje su se bolesti pogoršavale iz dana u dan. Činilo se da ih je nemoguće izliječiti uz pomoć medicine kao znanosti i nije mi više ništa drugo preostalo doli da čekam smrt.

Jednog me dana Božja snaga smjesta ozdravila i vratila mi zdravlje. Kroz to sam prekrasno iskustvo spoznao živog Boga i otada Mu u cijelosti vjerujem bez ikakve sumnje i u cijelosti se oslanjam na Riječ iz Biblije. Bezuvjetno sam iskazivao poslušnost svakoj Riječi Božjoj. Radovao sam se u svakom trenutku unatoč poteškoćama, i zahvaljivao sam čak i u svim teškim situacijama jer mi je to Bog naložio u Bibliji.

Bilo mi je veliko zadovoljstvo odlaziti na mise i molite se Bogu nedjeljom; čak sam odbio i priliku da radim na vrlo dobrom radnom mjestu i počeo sam raditi na gradilištima jer sam odlučio poštivati Dan Gospodnji.

Unatoč tomu, vrlo sam se radovao i zahvaljivao za činjenicu da je Bog moj Otac. Došao je k meni dok sam čekao smrt zbog niza teških bolesti, a ja sam Mu bio veoma zahvalan zbog Njegove nevjerojatne milosti. Nastavio sam moliti i postiti kako bih do kraja živio po Riječi Božjoj. A onda sam jednoga dana začuo glas Božji kako me poziva kao svojeg slugu. Poslušnog srca odlučio sam Mu postati dobar sluga i danas Mu služim kao pastor.

Zahvaljujem Bogu, svojem Ocu, iz dubine svojega srca, bilo da klečim dok Mu se molim, bilo da hodam niz ulicu, bilo da razgovaram s nekim. Isto tako, uvijek se i radujem iz dubine svojega srca. S brigama i problemima svi se mi suočavamo, a kao stariji pastor crkve od 120.000 članova, imam dosta posla i obveza. Moram obučavati i poučavati brojne sluge i ministrante Božje kako bih izvršio tu bogomdanu dužnost i ostvario svjetsku misiju odvođenjem bezbrojnih ljudi k Gospodinu. Đavao kuje kojekakve planove kako bi spriječio ostvarivanje Božjeg nauma i donosi nam svakovrsne poteškoće i kušnje. Mnogo toga zbog čega se može tužiti, jadikovati i brinuti obuzme me s vremena na vrijeme, i da sam dopustio da me obuzmu te brige ili paralizira strah, vjerojatno bih bio pokleknuo. Međutim, brige i tjeskobe nikada me nisu uspjele pobijediti jer sam jasno razumijevao volju Božju. Zahvaljivao sam Mu i radosno molio bez obzira koliko teške bile moje kušnje i problemi tako da je Bog uvijek radio samo na dobro svega i to me više blagoslivljao.

2. Dok se ne dosegne vjera poput stijene

Sagledavanje stvari bez vjere kroz prizmu straha i tjeskobe samo će nanijeti štetu Vašemu duhu i oštetit će Vam zdravlje. Ako razumijete duhovno značenje Riječi Božje, koja nam govori: *„Uvijek se radujte! Bez prestanka molite! U svakoj prilici zahvaljujte! Jer, to Bog hoće od vas u Kristu Isusu!"*, možete u svakoj situaciji iz dubine svojeg srca zahvaljivati (Prva poslanica Solunjanima 5:16-18).

A to je zato što čvrsto vjerujete da je to način da se Bogu ugodi, da Ga se ljubi i primi uslišanje svojih molitava od Njega. Osim toga, to je i ključ rješavanja Vaših problema, primanja Njegovih blagoslova i odbacivanja Vašeg neprijatelja, Sotone i đavla. Pretpostavimo da postoji neka žena koja niije u dobrim odnosima sa svojom snahom. Obje znaju da bi trebale ljubiti jedna drugu i biti u miru jedna s drugom. Međutim, što će se dogoditi ako budu krivile jedna drugu ili zamjerale jedna drugoj? Nijedan se problem ne može riješiti među njima dvjema.

S druge strane, ako svekrva kleveće svoju snahu ostalim članovima obitelji i susjedima, a snaha govori ružno o svojoj svekrvi pred drugima, sporovi i sukobi neće prestati i u kući neće biti mira.

S druge strane, što će im se dogoditi ako se pokaju za svoje opačine, ako razumiju jedna drugu stavljajući se u kožu one druge, ako oproste i ljube jedna drugu? U kući će vladati mir. Svekrva će govoriti lijepo o svojoj snahi bez obzira je li snaha kraj nje ili ne, a snaha će zauzvrat hvaliti i poštivati svoju svekrvu iz dubine svojeg srca. Kakav će odnos pun mira i ljubavi tada imati! A to je isti način da nas i Bog ljubi.

Početna faza treće razine vjere

Razlog zbog kojega neki ljudi ne uspijevaju poštivati Riječ Božju čak ni kada znaju da je ona istinita jest taj da je u njima toliko neistine, koja se protivi Božjoj volji, i koja ostaje u njihovim srcima, a ta neistina gasi želju Duha Svetoga. Dakle, kada stupite u prvu fazu treće razine vjere, počinjete se boriti protiv grijeha dotle da biste za to prolili svoju krv (Poslanica Hebrejima 12:4).

Da biste od sebe odbacili svoje grijehe, morate nastojati usrdnim molitvama i postom, kao što nam je Isus rekao: *„Ta se vrsta može istjerati samo molitvom"* (Evanđelje po Marku 9:29). Tek onda ćete od Boga primiti dovoljno snage i milosti da živite po Riječi Božjoj. Isto tako, ako se nalazite na trećoj razini vjere, gorljivo ćete odbacivati od sebe sve ono što Vam Bog govori da od sebe odbacite i činit ćete sve ono što Vam On govori, kako zapovijeda Biblija.

Znači li to da se svatko tko poštuje Dan Gospodnji i daje za prinos desetinu svojih prihoda nalazi na trećoj razini vjere? Ne, to nije slučaj. Moguće je da neki ljudi odlaze na nedjeljne mise i daju za prinos desetinu svojih prihoda s licemjernim stavom – moguće je da oni sve to čine samo zato što ih je strah da će se u protivnom suočiti s kušnjama i problemima kao posljedicom nepoštivanja tih zapovijedi ili zato što žele da ministranti i sluge Božje lijepo govore o njima. Ako slavite Boga u duhu i istini, Njegova je Riječ slađa od meda.

Međutim, kada nevoljko odlazite na misno slavlje, mora biti da se dosađujete porukom i da mislite: ‚Kad bi se ova misa barem uskoro završila...' To je zato što se, iako Vam se tijelo nalazi u svetištu Božjem, vaše srce nalazi na nekom sasvim drugom mjestu.

Ako odlazite na misna slavlja, ali dopustite da Vam srce bježi k ovome svijetu, ne može se smatrati da poštujete Dan Gospodnji jer Bog ispituje srca vjernika. U tom slučaju još se uvijek nalazite na drugoj razini vjere iako dajete cijelu desetinu svojih prihoda za prinos.

Mjera vjere razlikuje se od osobe do osobe čak i onda kada se možda one nalaze na istoj razini vjere. Ako je savršena mjera svake razine vjere na 100%, Vaša vjera postupno raste s mjere od 1% na mjeru od 10%, 20%, 50% i tako dalje, pa sve do 100% na svakoj razini vjere. Kad vaša vjera naraste na mjeru od 100%, ona se uzdiže za jednu razinu vjere.

Primjerice, pretpostavimo da podijelimo mjeru druge razine vjere na mjere od 1% do 100%. Što se Vaša vjera približava mjeri od 100% na drugoj razini vjere, to prije možete dosegnuti treću razinu vjere. Isto tako, ako Vaša vjera naraste do mjere od 100% na trećoj razini vjere, već se nalazite na četvrtoj razini vjere. Stoga morate biti kadri ispitati na kojoj se razini vjere trenutačno nalazite i koliku ste mjeru vjere na toj razini dosad postigli.

Vjera čvrsta kao stijena

Ako dosegnete mjeru vjere višu od 60% na trećoj razini vjere, za Vas se kaže da stojite na vjeri čvrstoj poput stijene. U Evanđelju po Mateju 7:24-25 Isus nam govori: *„Svatko tko čuje ove moje riječi i izvršava ih može se usporediti s mudrim čovjekom koji svoju kuću sagradi na litici. Udari pljusak, navališe potoci, puhnuše vjetrovi i jurnuše na tu kuću, ali se ona ne sruši, jer bijaše sagrađena na litici".*

„Litica" se ovdje odnosi na Isusa Krista (Prva poslanica Korinćanima 10:4), a „vjera čvrsta kao stijena" odnosi se na utvrđenost u istini, Isusu Kristu. Sukladno tomu, ako stojite na vjeri čvrstoj kao stijena nakon što ste postigli više od 60% na trećoj razini vjere, nećete pokleknuti ni pred kakvim problemima ni kušnjama. Poštivat ćete volju Božju do kraja jer ćete stajati utvrđeni na vjeri čvrstoj kao stijena kada uspijete pronaći pravi put ili volju Božju.

Dakle, uvijek možete voditi pobjedonosni život i slaviti Boga bez iskušenja neprijateljskog Sotone i đavla. Nadalje, radosti i zahvalnost prelijevat će se iz Vašega srca unatoč svakovrsnim kušnjama i problemima, a Vi uživate u miru dok se bez prestanka molite.

Pretpostavimo da Vam sin zamalo pogine u prometnoj nesreći. Unatoč očitoj tragediji, lijevate suze zahvalnosti iz dubine svojeg srca i radujete se jer stojite utvrđeni u istini. Čak i ako ostanete invalidni zbog nesreće, nećete to zamjerati Bogu, govoreći: „Zašto me Bog nije zaštitio?" Umjesto toga, zahvaljivat ćete Bogu zato što je zaštitio druge dijelove Vašega tijela.

Zapravo, jednostavna činjenica da su nam grijesi oprošteni i da možemo otići na nebo dovoljna je sama po sebi da zahvaljujemo Bogu. Čak i ako ostanete invalidni, to Vas ne može spriječiti u odlasku na nebo jer kad uđete u kraljevstvo nebesko, Vaše će se invalidno tijelo pretvoriti u savršeno nebesko tijelo. Drugim riječima, nema razloga da se tužite ili da tugujete. Naravno da vas Bog uvijek štiti ako imate takvu vrstu vjere. Čak ako Bog i dopusti da se ozlijedite u prometnoj nesreći kako biste mogli primiti blagoslov, i opet možete biti u cijelosti ozdravljeni ovisno o Vašoj vjeri.

Pobjedonosni život na vjeri čvrstoj kao stijena

Čak iako ljudi u početnoj fazi treće razine vjere imaju želju biti poslušni Riječi Božjoj, katkad joj bivaju poslušni radosno, a katkad nevoljko. To je zbog toga što potonja skupina ljudi nije još uvijek u cijelosti posvećena i u sukobu je između istine i neistine u svojem srcu.

Primjerice, pokušavate služiti drugima i ne mrziti ih zato što Vas Bog tako uči da ne mrzite druge nego da ljubite svoje neprijatelje. Unatoč tomu, čak i ako se čini da služite drugima, moguće je da ćete se još uvijek osjećati tegobno zato što ih ne ljubite iz dubine srca svoga. Međutim, ako stojite utvrđeni na vjeri čvrstoj kao stijena, Vaši neprijatelji, Sotona i đavao, ne uspijevaju u iskušavanju ili uznemiravanju jer imate srce od istine i želite slijediti želju Duha Svetoga, i nemate se čega bojati jer hodite usred snage Boga Svemogućega.

Baš kao što je mladi David hrabro rekao izazivaču Golijatu s vjerom: *„Jer je Jahve gospodar bitke i on vas predaje u naše ruke"* (Prva Knjiga o Samuelu 17:47), tako ćete i Vi biti kadri hrabro priznati svoju vjeru kad vam Bog donese pobjedu u skladu s Vašom vjerom. I ništa Vas ne može omesti niti iscrpiti jer je Vaš pomagač sâm Bog Svemogući.

Ako ste u prijateljstvu s Bogom i ljubite Ga, možete primiti odgovore na sve svoje probleme i sve molitve će Vam biti uslišane čim to od Njega zatražite s vjerom. Međutim, to se ne odnosi na ljude koji se rijetko mole i nisu u prijateljstvu s Bogom. Kad se oni suoče s problemima, vrlo im je teško primiti odgovore od Boga iako oni tvrde: „Bog će mi zacijelo dati rješenje". To je kao da čekaju da jabuka padne sa stabla sama od sebe. I upravo zbog toga bismo se bez prestanka trebali moliti.

Kako doseći vjeru čvrstu kao stijena

Boksaču nije lako postati svjetski prvak. Pobjeda zahtijeva neprestani trud, mnogo strpljivosti i jaku samokontrolu. Na početku će boksač-početnik gubiti bitke tijekom treninga zato što mu nedostaje vještine.

Međutim, kako bude neprestance trenirao da usavrši svoju vještinu, moći će udariti protivnika barem jedanput, čak iako je prije toga i sâm primio dva ili tri udarca. Ako poboljša svoju vještinu i snagu strpljivim ulaganjem sve više i više truda, on će početi pobjeđivati u sve više i više borbi, a porast će mu i samopouzdanje.

Slično tomu, student kojemu dobro ide engleski jezik ne može dočekati sat engleskog jezika, a kad sat započne, on u njemu do kraja uživa. Za razliku od toga, studenti kojima engleski jezik ne ide baš najbolje vjerojatno će se dosađivati i osjećati nelagodno tijekom sata engleskog jezika.

Isti je slučaj i s duhovnom borbom protiv neprijateljskog đavla. Ako se nalazite na drugoj razini vjere, želja Duha Svetoga unutar Vas vodi najžešći mogući rat protiv grješnih želja jer su te dvije želje iste jačine. To je poput borbe dvoje ljudi iste snage i vještina. Ako jedan udari onog drugog, drugi mu uzvrati udarcem. Ako jedan udari onog drugog pet puta, drugi mu isto toliko udaraca vrati. Isti je slučaj s duhovnom borbom protiv đavla. Ponekad nadvladate đavla, a ponekad Vas on porazi.

Međutim, ako se nastavite moliti i nastojati biti poslušni Riječi Božjoj bez osjećaja razočaranja, Bog će na Vas izliti svoju milost i snagu, a Duh Sveti će Vam pomoći. Kao rezultat toga, želja Duha Svetoga raste u Vašem srcu, a neprestance raste i Vaša vjera sve do treće razine vjere.

Kada jednom dođete na treću razinu vjere, želje grješne prirode blijede i postaje Vam sve lakše živjeti u vjeri. Kad bez prestanka molite kao što to Riječ Božja i zapovijeda, uživat ćete moleći se Bogu. Ako se na početku budete uspjeli moliti najviše deset minuta, kasnije ćete se uspijevati moliti dvadeset minuta, potom trideset minuta, a kasnije ćete se uspijevati bez poteškoća moliti i po dva-tri sata.

Nije lako početnicima u vjeri da se mole dulje od deset minuta jer nemaju dovoljno tema niti stvari za koje bi molili pa im i molitva pada pomalo tegobno i zavide ljudima koji se mogu tečno moliti bez poteškoća. Ako nastavite strpljivo moliti svim svojim srcem, bit će Vam dana snaga odozgor da molite satima svaki dan. Bog Vam daje svoju milost i snagu da molite ako neprestance dajete sve od sebe da Mu se molite.

Na taj način, uz neprestanu molitvu, raste i Vaša vjera. Kada dosegnete višu mjeru vjere unutar treće razine vjere, imat ćete nepokolebljivu vjeru i ni u kakvim kušnjama ni problemima nećete se okretati ni udesno ni ulijevo.

Onkraj vjere čvrste kao stijena

Ako stojite na stijeni vjere, Bog Vas ljubi, rješava Vaše probleme i daje Vam odgovore na sve što zatražite. Isto tako možete slušati i glas Duha Svetoga, radovati se i zahvaljivati u svim okolnostima, kao što to Bog i zapovijeda, i bdjeti, moleći neprestance, jer obitavate u Riječi zapisanoj u šezdeset i šest knjiga Biblije.

Ako ste ministrant, starješina, svećenik ili voditelj u crkvi, ali ne uspijevate čuti glas Duha Svetoga, morate biti svjesni da još uvijek ne stojite na stijeni vjere. To ne znači nužno da glas Duha Svetoga čujete samo kad stojite na stijeni vjere.

Čak i početnici u vjeri mogu čuti Njegov glas ako poštuju Riječ Božju kad je spoznaju. Zbog svoje poslušnosti Riječi nije potrebno mnogo vremena da vjera početnika preraste s prve razine vjere na mjeru stijene vjere.

Otkako sam priznao Gospodina počeo sam u svojemu srcu razumijevati milost Božju i pokušavao sam poštivati Riječ kako sam je učio. Zbog tih mojih nastojanja uspio sam čuti glas Duha Svetoga i pustiti da me On vodi jer sam cijelom dušom poštivao Riječ s osjećajem odlučnosti da bih radosno dao i vlastiti život za Gospodina ako to bude potrebno.

Potrebne su mi bile tri godine da jasno čujem glas Duha Svetoga. Naravo da Njegov glas možete začuti i za godinu ili dvije ako revno čitate Riječ Božju, mislite neprestance na Nju i ako je poštivate. Međutim, bez obzira na to koliko dugo živite kao vjernik, nećete čuti glas Duha Svetoga ako živite u vlastitim mislima, ne poštujući pritom Riječ Božju.

Ima vjernika koji govore: „Običavao sam biti ispunjen Duhom Svetim i imati čvrstu vjeru. Aktivno sam služio u crkvi. Ali moja je vjera nazadovala otkako sam duhovno posrnuo zbog nekog drugog člana crkve". U takvom slučaju ne može se reći da je ta osoba imala čvrstu vjeru ranije niti da je revno služila crkvi.

Nadalje, da su ti ljudi uistinu imali čvrstu vjeru, ne bi bili morali ni posrnuti zbog nekog drugog člana crkve i ne bi bili napustili svoju vjeru. Mogli su postupiti na taj način jer su imali samo ovosvjetovnu vjeru bez djela, čak iako su bili upoznati s Riječi Božjom.

Ne bismo smjeli budalasto napuštati crkvu nakon prepirke s nekim drugim članovima crkve. Kako bi jadno bilo da izdate Boga, koji Vas je otkupio od grijeha i podario Vam pravi život, samo zato da biste se vratili svijetu koji vodi u vječnu smrt, a sve zvog prepirke s ministrantom, voditeljem, bratom ili sestrom u svojoj crkvi!

Trebali biste priznati da ste daleko od stijene vjere ako se licemjerno molite samo da biste se pokazali kao gorljivi molitelj ili ako ste tjeskobni ili neprijateljski raspoloženi prema onima koji Vas kleveću i ogovaraju. Ako stojite na sijeni vjere, ne biste prema njima smjeli biti neprijateljski raspoloženi, nego biste trebali moliti za njih s ljubavlju i u suzama.

Tijekom moje službe od 1982. u svojoj sam crkvi doživio iznimno neprihvatljiva vremena i događaje. Neki su svećenici ili članovi bili do te mjere opaki da im se ne bi moglo oprostiti s ljudskog stajališta, ali nikad nisam osjećao ni mržnju niti neprijateljstvo prema njima. Budući da sam očekivao da će se i oni preobraziti, pokušavao sam vidjeti u njima ono što je dobro i vrijedno ljubavi umjesto njihovih opačina.

Isto tako, i Vi možete u cijelosti poštivati Riječ Božju i uživati u slobodi koju Vam daje Riječ istine ako imate punu mjeru treće razine vjere i ako stojite čvrsto u Riječi Božjoj. Onda ćete uvijek biti radosni, neprestance ćete zahvaljivati i moliti. Nikada nećete izgubiti osjećaj zahvalnosti niti ćete se osjećati tužnima. Nadalje, stajat ćete čvrsto na stijeni koja je Isus Krist, a da se pritom ne kolebate i ne okrećete ni udesno ni ulijevo.

3. Borba protiv grijeha do prolijevanja krvi

U srcima onih na drugoj razini vjere želje Duha Svetoga vode rat protiv želja grješne prirode. Međutim, oni koji se nalaze na trećoj razini vjere odagnavaju želje grješne prirode i vode pobjedonosni život u Riječi zato što poštuju želje Duha Svetoga.

Na trećoj razini vjere lako je voditi život u Kristu jer ste već odbacili djela grješne prirode dok ste još bili na drugoj razini vjere. Međutim, ako stupite na treću razini vjere, počinjete se do prolijevanja krvi boriti protiv želja grješne prirode, mješavine prirode grijeha i našeg tijela koje je u nama duboko ukorijenjeno.

Kao rezultat toga, kada dosegnete punu mjeru treće razine, više ne razmišljate u skladu s grješnim umom, nego u cijelosti poštujete Riječ i uživate u istini zato što ste već uspjeli odbaciti sve vrste grješne prirode.

Važnost uklanjanja grješne prirode

Ako ljubite Boga i poštujete Njegovu Riječ, neće Vam biti potrebno da podižete mjeru svoje vjere s druge na treću razinu. Naprotiv, ako redovito dolazite u crkvu, ali ne pokušavate poštovati Riječ, niti ne možete podignuti mjeru svoje vjere na višu razinu i morate ostati na aktualnoj razini – drugoj razini vjere.

Isto je tako i sa sjemenjem koje se dulje vremena ne sije. Ako se sjemenje dugo vremena ne sije, ono ugiba. Tako i Vaš duh može rasti jedino ako razumijete i poštujete Riječ Božju. Trebali biste dati sve od sebe da shvatite Riječ Božju i da je poštujete kako bi i Vaša duša mogla slijediti duh.

Ali, kad se sjeme posije u zemlju, ono će vrlo jednostavno propupati. S jedne strane, izdanak može izgubiti život ako dođe do olujne kiše ili ako ljudi gaze po njemu te bi se upravo iz tog razloga trebalo pomno brinuti za mlade izdanke. Isto tako, i ljudi na rećoj razini vjere trebali bi se brinuti za sve one na prvoj ili drugoj razini vjere kako bi i oni mogli rasti u vjeri.

S druge strane, ako u vjere narastete dotle da postanete visoko drvo stupajući na treću razinu vjere, nećete posrnuti, bez obzira na to koliko teške i olujne kušnje ili nesreće Vas spopale. Visokom drvetu nije lako izvaditi korijen jer je ono zasađeno duboko u zemlji, pa čak ni kad su mu grane savijene ili polomljene. Isto tako, možda će Vam se činiti da se približavate padu dok se budete suočavali s kušnjama i problemima, ali uspijevate povratiti svoju snagu i nastaviti rasti u vjeri jer Vaša duboko ukorijenjena vjera nije poljuljana ni u kojim okolnostima.

Neprestana nastojanja u smjeru pune mjere vjere

Za mlado drvo mora proteći mnogo vremena da naraste, procvjeta i dadne prve plodove ili da naraste u veliko drvo u kojemu se i ptice mogu gnijezditi. Slično tomu, nije teško podignuti svoju vjeru s druge na treću razinu ako čvrsto odlučite da ćete to učiniti, ali je potrebno mnogo više vremena da uzgojite svoju vjeru da naraste s treće na četvrtu razinu vjere. I to zato što morate poznavati Riječ Božju i razumjeti je u duhu kako biste poštivali Riječ zapisanu u šezdeset i šest knjiga Biblije, ali nije lako spoznati savršenu volju Boga Oca za kratko vrijeme.

Primjerice, čak i ako je učenik izvrstan u osnovnoj školi, on se ipak ne može upisati na fakultet niti pokrenuti vlastiti posao po završetku osnovne škole.

Pa ipak, neki vrlo inteligentni ljudi upisuju se na fakultet jer u mladoj dobi polože prijemne ispite, dok drugi upisuju fakultet tek nakon nekoliko pokušaja.

Slično tomu, i do četvrte razine vjere možete dospjeti brzo ili polako, ovisno o Vašim nastojanjima. Naravno, najvažniji čimbenik jest veličina posude u kojoj se netko nalazi. Nastojanja male posude nisu dovoljno velika za sazrijevanje vjere i stupanje na višu razinu, čak ni onda kada ta osoba razumije Riječ i nada se raju i ima čvrstu vjeru. Tomu nasuprot, velika posuda razumije što je ispravno i odlučuje učiniti pravu stvar, a osoba u njoj i dalje pokušava sve dok ne postigne svoj cilj.

Stoga, morate shvatiti koliko je važno nastojati i boriti se protiv svojih grijeha sve do prolijevanja krvi kako biste svoju vjeru podignuli s treće na četvrtu razinu vjere što je moguće prije.

Izvršavanje dužnosti uz odvraćanje od grijeha

Ne smijete zanemariti bogomdane dužnosti dok se borite protiv svojih grijeha. Primjerice, u mojoj je crkvi bila starija đakonica koja je bila uza me sve od osnutka crkve. I ona i njezin suprug, koji su oboje bolovali od ozbiljnih bolesti, došli su u moju crkvu. Primili su moju molitvu i ozdravili su.

Otada je ona uspjela povratiti svoje zdravlje i pokušavala podignuti mjeru svoje vjere, ali nije u cijelosti ispunjavala svoju dužnost kao starija đakonica. Nije se ni nastojala boriti protiv grijeha do prolijevanja svoje krvi, a opačine su joj još uvijek bile u srcu, čak iako je i dalje još petnaest godina dolazila u crkvu i slušala Riječ Božju. I njezina djela i riječi podsjećali su na one koji se nalaze na drugoj razini vjere.

Nasreću, duhovno se probudila nekoliko mjeseci prije smrti i pokušala udovoljiti Bogu kreiranjem i dijeljenjem novih glasnika crkve. A kad je čak tri puta primila moju molitvu, za vrlo je kratko vrijeme dospjela na treću razinu vjere.

Stoga, ne samo da se morate boriti protiv svojih grijeha do prolijevanja krvi kako biste se odvratili od svake vrste zloga, nego morate ispunjavati i dužnosti dobivene od Boga cijelim svojim srcem kako biste mogli zadobiti višu mjeru vjere.

Vrlo je teško samostalno odbaciti svoje grijehe, ali je to ipak vrlo lako ako primite snagu Boga s nebesa.

U Ime našega Gospodina molim da i Vi budete mudri kršćani u Božjim očima i da se sjetite da Njegova snaga silazi na one koji ne samo da su odbacili svaku vrstu grijeha u borbi protiv njih do prolijevanja krvi, nego i one koji vrše dužnosti koje im je dao Bog!

7. poglavlje

Vjera da ljubimo Boga do najvišeg stupnja

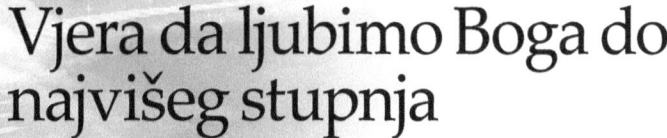

Mjera Vjere

1
Četvrta razina vjere
2
Vaša duša napreduje
3
Bezuvjetna ljubav prema Bogu
4
Ljubljenje Boga ponad svega drugoga

„Tko poznaje moje zapovijedi i vrši ih,
taj me ljubi.
A tko mene ljubi,
njega će ljubiti Otac moj;
i ja ću ga ljubiti i objaviti mu samoga sebe".

(Evanđelje po Ivanu 14:21)

Baš kao što i po stubištu morate ići stepenicu po stepenicu, isto tako trebate njegovati razinu svoje vjere razinu po razinu sve dok ne postignete punu mjeru vjere. Primjerice, u Prvoj poslanici Solunjanima 5:16-18 stoji: *"Uvijek se radujte! Bez prestanka molite! U svakoj prilici zahvaljujte! Jer, to Bog hoće od vas u Kristu Isusu!"* Stupanj vršenja te zapovijedi razlikuje se ovisno o mjeri vjere svakog pojedinca.

Ako se nalazite na drugoj razini vjere, prije ste malodušni nego radosni i zahvalni kada se suočite s kušnjama i problemima jer Vam još uvijek nije dano dovoljno snage da živite po Riječi Božjoj. No, kada stupite na treću razinu vjere i od sebe odbacite grijehe u borbi protiv njih do prolijevanja krvi, tad ćete se u izvjesnoj mjeri uspjeti radovati i zahvaljivati čak i u kušnjama i problemima.

Čak i ako se još uvijek nalazite na trećoj razini vjere i suočite se s ozbiljnim problemima, moguće je da ćete pomalo sumnjati ili biti skeptični ili ćete se silom truditi radovati i zahvaljivati jer još uvijek niste u cijelosti spoznali Božje srce.

Međutim, ako stojite čvrsto na stijeni vjere koja je ukorijenjena duboko u trećoj razini vjere, radujete se i zahvaljujete iz dubine svojega srca čak i kad se suočite s kušnjama i problemima. Isto tako, ako postignete i višu razinu vjere – četvrtu razinu – radost i zahvalnost uvijek će se prelijevati iz Vašega srca. Dakle, na četvrtoj razini vjere daleko ste od osjećaja tuge ili naglosti u kušnjama i problemima, nego, umjesto toga, ostavljate dojam skrušenosti i pitat ćete se: ,Jesam li učinio nešto loše?' Kao rezultat toga, svi koji postignu četvrtu razinu vjere, na kojoj Vam je omogućeno ljubiti Boga do najvišeg stupnja, napreduju u svemu što poduzmu.

1. Četvrta razina vjere

Kada vjerici kažu: „Ljubim te, moj Gospodine", to priznavanje Boga razlikuje se kod onih koji se nalaze na drugoj ili trećoj razini vjere i kod onih koji se nalaze na četvrtoj razini vjere. A to je zato što se umjereno ljubiti Boga razlikuje od ljubljenja Boga do najvišeg stupnja. Baš kao što nam je obećano u Mudrim izrekama 8:17: „*Ja ljubim one koji ljube mene, i nalaze me koji me traže*", i oni koji ljube Gospodina do najvišeg stupnja dobit će sve što zatraže.

Ljubljenje Boga do najvišeg stupnja

Praoci vjere koji su ljubili Boga do najvišeg stupnja bili su napunjeni silnom radošću i iskrenom zahvalnošću čak i kad bi patili iako nisu učinili ništa loše. Primjerice, prorok Daniel zahvaljivao je Bogu s vjerom i molio Mu se čak i tik prije nego što su ga bacili u lavlju jazbinu zbog planova nekih opakih ljudi.

Pa ipak, Bogu je bila mila njegova vjera, poslao je svoje anđele da lavovima zatvore usta i da Daniela zaštite od lavova. Kao rezultat toga, Daniel je silno slavio Boga (Daniel 6:10-27).

A opet, tri su Danielova druga odbili priznati svoju vjeru u kralja Nabukodonozora čak i kad su ih bacili u užarenu peć zbog toga što su se odbili pokloniti pred zlatnim kipom i štovati ga. U Danielu 3:17-18 oni priznaju: „*Bog naš, kome služimo, može nas izbaviti iz užarene peći i od ruke tvoje, kralju; on će nas i izbaviti. No ako toga i ne učini, znaj, o kralju: mi nećemo služiti tvojemu bogu niti ćemo se pokloniti kipu što si ga podigao"*.

Oni su nepokolebljivo vjerovali u Boga, uz čiju je snagu sve moguće, i postojano su priznali da su spremni dati i svoj život za Boga kome služe, čak i kad ih On ne bi izbavio iz užarene peći.

Bili su vjerni svojim dužnostima, ne želeći ništa zauzvrat, i nisu se žalili Bogu, čak ni kada su se suočili sa smrtonosnom kušnjom koja je tražila njihove vlastite živote bez ikakvog razloga. Još uvijek su se uspijevali radovati i zahvaljivati na milosti Božjoj jer su svi oni bili svjesni da će zasigurno otići u raj u naručju svojega ljubljenog Oca, čak i da su ih sagorili nasmrt u užarenoj peći. U skladu s priznanjem njihove vjere Bog ih je zaštitio od užarene peći pa im nije izgorjela ni vlas s glave. Kad je vidio to čudesno znamenje, kralj se jako iznenadio i silno slavio Boga, a tri je Danielova druga promaknuo na viši položaj od onoga koji su ranije imali.

Razmotrimo ovaj primjer: apostola Pavla i Silu brutalno su išibali i u tamnicu bacili opaki ljudi dok su oni putovali od mjesta do mjesta kako bi naviještali evanđelje. A noću oni su molili i pjevali hvalospjeve kad iznenada nastade tako jak potres da se otvoriše vrata tamnice (Djela apostolska 16:19-26).

Pretpostavimo da ste trpjeli iz nepravednih razloga kao i ti praoci vjere. Mislite li da ćete biti u stanju radovati se i zahvaljivati iz dubine srca svojega? Ako mislite da ćete se uzrujati, razljutiti ili naglo reagirati, morate znati da ste još jako daleko od stijene vjere.

No, ako zađete iza stijene vjere, uvijek ćete se radovati i zahvaljivati iz dubine srca svojega unatoč problemima i kušnjama s kojima se suočavate jer ste spoznali providnost Božju. Ako Vas bole nepravedne patnje, mora biti da postoji razlog zbog kojega patite. Ali, budući da Vi možete spoznati taj razlog uz pomoć Duha Svetoga, možete se radovati i zahvaljivati.

A što je s Davidom, najvećim kraljem Izraela? Zbog pobune njegova sina Abšaloma kralj David zbačen je s prijestolja, pobjegao je i živio je i bez hrane i bez krova nad glavom. Osim što je zbačen s prijestolja, Davida je kamenovao i proklinjao obični prostak Šimej. Jedan od Davidovih sluga zatražio je od kralja da pogube Šimeja, ali je David odbio taj zahtjev riječima: *„Pustite ga neka proklinje ako mu je Jahve to zapovjedio"* (Druga knjiga o Samuelu 16:11).

Nadalje, David nikad nije izustio ni riječ pritužbe tijekom svojih kušnja. Čvrsto se držao toga da ljubi Boga i da se na Njega oslanja te je ostao čvrst u vjeri. Usred tih kušnja David je uspio napisati prekrasne i umirujuće hvalospjeve, poput onih koje nalazimo u Psalmu 23.

Dakle, David je uvijek vjerovao da je Bog radio sve za njegovo dobro, čak ni kada se suočavao s kušnjama i problemima, jer je u svako doba shvaćao volju Božju i zahvaljivao je Bogu i lio suze radosnice.

Nakon što je David preživio svoje kušnje, postao je kralj kojega je Bog utoliko više ljubio. Štoviše, uspio je Izrael učiniti toliko moćnim da su susjedne zemlje Izraelu plaćale danak.

Dakle, kad je Bog vidio Davidovu vjeru, u svemu je radio za dobro toga kralja i blaglivljao ga je.

Radosna poslušnost Gospodinu s najvećom ljubavlju

Pretpostavimo da se neki muškarac i žena uskoro namjeravaju vjenčati. Toliko su zaljubljeni jedno u drugo da imaju osjećaj da bi, ako to bude potrebno, dali čak i svoj život za ljubljenog/ ljubljenu. Oboje žele jedno drugom dati sve što mogu i udovoljiti onome drugome, čak i na svoju štetu. Čeznu za tim da jedno s drugim budu što je moguće češće, dulje i kvalitetnije. Nije ih briga za hladnoću, čak ni ako šeću zajedno po sniježnom putu ili po oblačnoj oluji. Nisu umorni ni iscrpljeni, čak ni ako ostanu budni cijelu noć kako bi jedno s drugim razgovarali telefonom.

Isto tako, ako ljubite Gospodina do najvišeg stupnja na način na koji ovaj par koji će se uskoro vjenčati ljube jedno drugo, i ako je Vaše srce nepokolebljivo u ljubavi prema Njemu, dospjet ćete na četvrtu razinu vjere. Pa kako onda da pokažete svoju ljubav za Njega? Na koji način Gospodin mjeri Vašu ljubav prema Njemu?

U Evanđelju po Ivanu 14:21 Isus nam govori: *„Tko poznaje moje zapovijedi i vrši ih, taj me ljubi. A tko mene ljubi, njega će ljubiti Otac moj; i ja ću ga ljubiti i objaviti mu samoga sebe".*

Morate vršiti Božje zapovijedi ako Ga ljubite; to je dokaz Vaše ljubavi prema Gospodinu. Ako Ga uistinu ljubite, i Bog će Vas ljubiti zauzvrat i Gospodin će biti uz Vas i pokazat će Vam dokaz toga da je s Vama. Tomu nasuprot, ako ne vršite Njegove zapovijedi, teško da ćete od Boga dobiti ljubav, odobrenje ili blagoslov.

Ljubite li uistinu Gospodina? Ako Ga ljubite, zasigurno ćete vršiti Njegove zapovijedi i slaviti Ga u duhu i u istini. Nikada nećete biti ni omamljeni ni pospani dok slušate Riječ Božju. Kako bi bilo moguće da ljubite nekoga ako biste zaspali dok Vam on ili ona nešto govore? Ako istinski ljubite svojega partnera, samo slušanje njegova ili njezina glasa bit će izvor velike radosti. Isto tako, ako istinski ljubite Boga, moći ćete biti apsolutno sretni i radosni dok slušate Njegovu riječ. No, ako Vam se spava ili Vam je dosadno, posve je jasno da ne ljubite Boga. Prva Ivanova poslanica 5:3 podsjeća nas: *„Jer, ovo je ljubav prema Bogu: da vršimo njegove zapovijedi. A njegove zapovijedi nisu teške".*

Uistinu, za one koji ljube Boga nije nimalo teško vršiti Božje zapovijedi. Dakle, moći ćete u cijelosti vršiti Njegove zapovijedi ako postignete vjeru da istinski ljubite Boga. Vršite ih u vjeri s ljubavlju iz dubine srca svojega, umjesto da ih vršite nevoljko ili s osjećajem tereta.

Osim toga, ako stupite na četvrtu razinu vjere, radosno vršite svaku Riječ Božju jer Ga toliko ljubite, baš kao što jedan od partnera želi drugom partneru dati sve što zatraži i učiniti sve što onaj drugi partner želi.

Zli Vam ljudi ne mogu naštetiti

Oni koji ljube Gospodina do najvišeg stupnja postaju posve posvećeni kada u cijelosti izvršavaju Riječ, baš kao što stoji u Prvoj poslanici Solunjanima 5:21-22: *„Sve ispitujte, dobro zadržavajte! Klonite se svake vrste zla!"*

Kako Vas Bog nagrađuje kada ne samo da odbacite grijehe boreći se protiv njih do prolijevanja krvi, nego i kada se klonite svake vrste zla? Na koji Vam način On pokazuje dokaz svoje ljubavi prema Vama? Bog daje mnoga obećanja i blagoslove onima koji postignu svetost i čistoću jer Vas On nagrađuje prema onome kako ste sijali i što ste činili.

Kao prvo, kao što nam govori Prva Ivanova poslanica 5:18: *"Znamo da tko je god rođen od Boga, ne griješi, nego ga od Boga Rođeni čuva, i Zli ga ne dotiče",* i Vi se rađate od Boga. Postat ćete čovjekom duha kada više ne budete počinjali grijeha jer nastojite živjeti po Riječi Božjoj i odbaciti grijehe boreći se protiv njih sve do prolijevanja krvi. Tada Vam opaki neprijatelj, đavao, više ne može naštetiti jer Vas čuva Bog.

Nadalje, u Prvoj Ivanovoj poslanici 3:21-22 obećano nam je: *"Ljubljeni, ako nas srce ne osuđuje, imamo pouzdanje u Boga. I što ga god molimo, primamo od njega, jer vršimo njegove zapovijedi i činimo što mu se sviđa".* Vaše Vas srce ne osuđuje kada udovoljavate Bogu, ne samo vršenjem Njegovih zapovijedi, nego i klonjenjem od svake vrste zla.

Imat ćete pouzdanje u Boga i primat ćete od Njega sve što Ga molite, kao što Vam Bog obećava. On ne laže niti se predomišlja, nego ispunjava sve što govori i obećava (Knjiga brojeva 23:19). Dakle, On Vam daje sve što Ga molite ako Ga ljubite do najvišeg stupnja i postanete posvećeni.

Čak i dok sam još uvijek bio početnik u vjeri, bio sam pomalo razočaran kad bi poruke ili propovijedi bile kratke jer sam želio naučiti više o Božjoj volji i primiti Njegovu milost. Uspio sam za kratko vrijeme postignuti cijelu mjeru vjere jer sam davao sve od sebe da živim po Riječi čim bih je uspio shvatiti.

Kao rezultat toga, danas Bogu nudim sve, čak i vlastiti život, i to bezrezervno, cijelom dušom i srcem i umom, i živim samo po Riječi kako bih Ga ljubio do najvišeg stupnja i udovoljio Mu. Međutim, čak i kad Mu dajem sve što imam, uvijek mi je želja da Mu više ponudim. I moja supruga i djeca također su se posvetili Gospodinu svim svojim srcem otkako sam ih naučio da žive na taj način. Ali, ako osjećate teret u vođenju svojeg kršćanskog života, morate žeđati za Riječju Božjom, nastojati Ga slaviti u duhu i istini te se truditi živjeti jedino po Riječi.

2. Vaša duša napreduje

Ljudi na četvrtoj razini vjere uvijek žive po Riječi, onako kako je priznaju svim svojim srcem, jer cijelo vrijeme razmišljaju ovako: „Što da učinim da udovoljim Bogu?", a djela poslušnosti zacijelo prate i priznanja vjere koja potječe iz njihovih srca. A to je zato što ljube Gospodina do najvišeg stupnja.

On takvim ljudima u Trećoj Ivanovoj poslanici 1:2 obećava ovako: „*Ljubljeni, želim da u svakom pogledu budeš dobro i da budeš zdrav, kao što je tvoja duša dobro*". Što to znači da je „tvoja duša dobro"? Koje su nam vrste blagoslova dane?

Tvoja je duša dobro

Kad je stvorio prvog čovjeka, Bog Mu je udahnuo dah života i on je postao živim duhom. Sastojao se od duha, putem kojega je mogao biti u zajedništvu s Bogom; duše kojom je upravljao duh; tijela u kojemu su obitavali duh i duša i mogao je živjeti vječno kao živi duh (Knjiga postanka 2:7; Prva poslanica Solunjanima 5:23).

Dakle, onaj čija je duša dobro može vladati svime i živjeti vječno, baš kao što je i prvi čovjek Adam razgovarao s Bogom i do kraja poštivao Njegovu volju.

Međutim, prvi čovjek Adam iskazao je neposluh Božjoj zapovijedi i izgubio je sve blagoslove koje mu je Bog dao: *„Sa svakoga stabla u vrtu slobodno jedi, ali sa stabla spoznaje dobra i zla da nisi jeo! U onaj dan u koji s njega okusiš, zacijelo ćeš umrijeti!"* (Knjiga postanka 2:16-17) Adam je iskazao neposluh zapovijedi Božjoj i jeo sa stabla spoznaje dobra i zla. Na koncu je njegov duh – putem kojega je mogao razgovarati s Bogom – umro, a on je izgnan iz Edenskog vrta.

Kad kažemo da je „njegov duh umro", to ne znači da je Adamov duh iskorijenjen, nego da je izgubio svoj prvotni kapacitet. Duh bi trebao igrati ulogu gazde, ali otkako je duh umro, njegovo je mjesto preuzela duša. Prvi čovjek Adam kao živi duh razgovarao je s Bogom koji je sami Duh.

Međutim, Adamov duh je umro jer on nije poslušao Božju zapovijed, a, kao rezultat toga, on više nije mogao razgovarati s Bogom. Tako je postao čovjek od duše, koja je, zauzvrat, postala gospodarom koji vlada njime umjesto njegova duha.

„Duša" se odnosi na sustav pamćenja u mozgu i na sve vrste pamćenja i misli putem kojih se reproducira pohranjeno pamćenje. Čovjek od duše znači da on više ne ovisi o Bogu, nego da se oslanja na ljudsko znanje i teorije. Neprestanim djelovanjem neprijateljskog đavla na čovjekovu misao – dušu – nepravednost i opačine obuzele su čovjeka, a svijet se napunio opačinama kako ih je čovjek primao. Ljudi su postajali sve više okaljani grijehom i pokvareni, naraštaj za naraštajem.

Prvi čovjek Adam, kao čovjek od duha, ali i kao gospodar svega, uživao je u vječnom životu jer je njegov duh služio kao njegov gospodar i tako je mogao razgovarati s Bogom. Ali, kad je tama probola njegovo srce, koje je bilo napunjeno samom istinom, zbog njegova je neposluha njegovo srce postupno došlo pod vlast neprijateljskog đavla, vadara sila tame.

Kao rezultat toga, potomci neposlušnog Adama nisu bili ništa bolji od životinja koje se sastoje od duše i tijela, ali bez duha. Oni su počinjali živjeti u svakojakim vrstama neistine, kao što su laži, preljub, mržnja, ubojstvo, zavist, koje se sve protive Riječi Božjoj (Propovjednik 3:18).

Unatoč tome, Bog ljubavi otvorio je put spasenja preko svojega Sina, Isusa Krista, i dao je na dar Duha Svetoga svakome koji prizna Isusa Krista kako bi njegov mrtvi duh oživio. Kada bilo tko primi na dar Duha Svetoga priznavanjem Isusa Krista, oživljava njegov mrtvi duh. Nadalje, ako on dopusti da Duh Sveti rodi duhom unutar sebe, on postupno postaje čovjekom od duha.

Takav pojedinac može uživati u svim blagoslovima na način na koji je to činio prvi čovjek Adam kao živi duh jer se s time slaže i njegova duša, što znači da njegov duh postaje gospodarom, a da njegova duša sada sluša njegov duh. To je proces njegovanja Vaše vjere i proces napredovanja Vaše duše.

Nalazite se na prvoj razini vjere kada priznate Isusa Krista i primite Duha Svetoga. Onda možete stajati na stijeni vjere i živjeti samo po Riječi, vodeći žestok rat između svojega duha, koji slijedi želje Duha Svetoga, i svoje duše, koja slijedi želje grješne prirode. Ako dosegnete četvrtu razinu vjere, postajete sveti i nalikujete Gospodinu jer Vaš duh postaje Vašim gospodarom.

Vaš duh vlada Vašom dušom

Kada Vaš duh kao gospodar vlada Vašom dušom i kada Vaša duša poštuje vladavinu Vašega duha kao sluga, kaže se da „Vaša duša napreduje". Naravno da ćete tada početi nalikovati srcu i stavu Gospodinovu, kao što nam govori Poslanica Filipljanima 2:5: *„To mislite u sebi što i u Kristu!"*

Kada Vaš duh vlada Vašom dušom, tada Duh Sveti 100% upravlja Vašim srcem jer Božja Riječ istine upravlja Vašim srcem i, kao rezultat toga, Vi se više ne oslanjate na vlastite misli. Drugim riječima, možete do kraja poštivati Riječ Božju jer ste uništili sve vrste tjelesnih misli, a Vaše srce je umjesto toga postalo samom istinom.

Na taj način, kada postanete čovjekom od duha i kad Vas vodi Duh Sveti, možete izbjeći sve vrste problema ili kušnja i u svim okolnostima biti pošteđeni opasnosti. Primjerice, čak i kad bi se dogodila prirodna nepogoda ili neočekivana nesreća, Vi ste već čuli glas Duha Svetoga koji Vas je probudio na vrijeme da pobjegnete s tog mjesta i budete sigurni.

Dakle, kada Vaša duša napreduje, poslušnog srca Bogu predajete sve. A On tada upravlja Vašim srcem i mišlju, vodi Vas kroz život i blagoslivlja Vas dobrim zdravljem.

O tomu u Knjizi Ponovljenog zakona 28 stoji ovako:

Svi ovi blagoslovi sići će na te i stići će te ako budeš

slušao glas Jahve, Boga svoga. Blagoslovljen ćeš biti u gradu, blagoslovljen u polju. Blagoslovljen će biti plod utrobe tvoje, rod zemlje tvoje, plod blaga tvoga: mlad krava tvojih i prirast stada tvoga. Blagoslovljen će biti tvoj koš i naćve tvoje. Blagolsovljen ćeš biti kad ulaziš, blagoslovljen kad izlaziš (Ponovljeni zakon 28:2-6).

Stoga, oni koji su poslušni Riječi Božjoj zato što njihove duše napreduju ne samo da će zadobiti vječni život na nebu, nego će također uživati svakovrsne blagoslove u zdravlju, imovini i uspješnosti, čak i na ovom svijetu.

Da budeš dobro

Josip, sin Jakovljev, doveden je bio u očajnu situaciju: njegova su ga vlastita braća prodala dok je još bio mlad i kao roblje su ga odveli u Egipat, gdje je nečasno bačen u tamnicu iako nije učinio ništa loše.

Unatoč teškim situacijama Josip se nije obeshrabrio, nego se predao vodstvu Boga Svemogućega. Zbog svoje velike vjere i sami je Bog umjesto Josipa upravljao svime i pripremio ga za sve što mu je trebalo. Kao reultat toga, s Josipom je sve proteklo dobro i počašćen je kad je imenovan blagajnikom Egipta.

Dakle, iako je Josip kao mladić odveden u Egipat i bio rob nekom Egipćaninu, na koncu je upravljao Egiptom i uspio je tako spasiti ne samo svoju obitelj, nego i cijeli Egipat od sedmogodišnje suše. Osim toga, on je položio temelj kako bi izraelski narod mogao ondje živjeti.

Danas na zemlji živi više od šest milijarda ljudi. Od njih više od jedne milijarde vjeruje u Isusa Krista. A ako unutar tog kršćanskog stanovništva od jedne milijarde postoje Božja djeca koja su bez zamjerke i besprijekorna, koliko će Mu oni omiljeti! On je uvijek s njima i blagoslivlja ih u svemu što poduzmu. Kad ih čekaju poteškoće, On će nagnati njihova srca da izbjegnu te poteškoće ili će ih voditi u molitvu. Vodstvom u molitvu Bog prima njihove molitve i oslobađa ih tih poteškoća jer je On pravedan Bog.

Prije nekoliko godina pozvali su me na Evangelizacijsku konferenciju u Los Angeles. Prije nego što sam otišao, osjetio sam silnu potrebu da se molim Bogu za tu konferenciju tako da sam se dva tjedna u planinskoj kolibi za molitvu posvetio molitvi za tu konferenciju. Nisam znao zašto me je Bog silno poticao da se molim za tu konferenciju sve dok nisam stigao u Los Angeles.

Neprijateljski Sotona i đavao naveo je opake ljude da spriječe održavanje konferencije i cijelo se događanje nalazilo na samom rubu otkazivanja. Međutim, nakon što je primio moje molitve i molitve članova moje crkve, Bog je unaprijed uništio sve njihove lukave planove.

Stoga, do trenutka kad sam stigao u Los Angeles našao sam da je sve spremno za konferenciju, koju sam uspio održati uspješno bez ikakvih poteškoća. Osim toga, mogao sam silno slaviti Boga jer mi je dana prilika da blagoslovim Gradsko vijeće grada Los Angelesa, a okružna vlada grada Los Angelesa postavila me za počasnog građanina, što je prvi put za jednog Koreanca.

Isto tako, i onaj čija duša napreduje sve predaje Bogu. Kada Bogu predate sve u molitvi, a da se pritom ne oslanjate na vlastite misli, volju ili planove, Bog nadzire Vaš um i vodi vas kako bi sve s Vama proteklo dobro. Čak i ako se suočite s nekim problemom, Bog u svemu radi za Vaše dobro kada Mu zahvaljujete, čak i onda kada se suočite s teškom situacijom jer čvrsto vjerujete da Vam Bog to svojom voljom omogućuje. Moguće je da ćete se katkad suočiti i s problemima kada postupite u skladu sa svojim iskustvom ili mislima, a da se pritom ne oslanjate na Boga, ali čak i tijekom takvih vremena Bog Vam smjesta pomaže kada shvatite svoju grešku i za nju se pokajete.

U cijelosti upravljani Duhom Svetim

Ako stojite na stijeni vjere, napuštaju Vas sve vrste dvojbi i počinjete čvrsto vjerovati u to da je Bog živ i u Njegova djela, kao što je Gospodinovo uskrsnuće i drugi dolazak, stvaranje nečega ni iz čega i u to da će On uslišati Vaše molitve.

Dakle, u svim kušnjama i problemima možete se samo radovati, moliti i zahvaljivati Bogu jer nikada ne sumnjate u nevjerici. Unatoč tome, Duh Sveti ipak još uvijek ne upravlja u cijelosti Vašim srcem 100% jer još uvijek niste postigli punu mjeru svetosti. Ponekad ne možete precizno reći je li ono što čujete glas Duha Svetoga i postajete zbunjenima jer su u Vama još uvijek tjelesne misli.

Primjerice, dok molite za pokretanje vlastitog posla, dogodit će se da ćete uistinu pronaći neki posao i početi upravljati njime i da ćete misliti da je to Bog uslišao Vašu molitvu. Na početku se čini da je posao uspješan, ali se kasnije poslovanje sve više počne pogoršavati. Tada shvatite da niste čuli glas Duha Svetoga, nego da ste se, zapravo, oslanjali samo na vlastite misli.

Stoga, oni koji stoje na stijeni vjere, u većini slučajeva, uspješni su jer razumiju istinu i žive po Riječi, ali oni još uvijek nemaju savršenu vjeru jer još uvijek nistu stupili na razinu vjere na kojoj mogu do kraja Bogu predati sve i oslanjati se samo na Njega.

Kakvi su ljudi na četvrtoj razini vjere? Ako se nalazite na četvrtoj razini vjere, Vaše se srce već pretvorilo u samu istinu, Vaš je život u skladu s Riječju Božjom, a istina je integrirana u Vaše tijelo i srce. Vaša se srce preobrazilo u duh, a Vaš duh u cijelosti upravlja Vašom dušom. Dakle, više ne živite prema vlastitim mislima jer sada Duh Sveti 100% upravlja Vašim srcem. E, onda možete napredovati u svemu što poduzmete jer Vas Bog vodi kada ste Mu poslušni i kada slijedite smjernice Duha Svetoga.

Kada se molite da nešto postignete, možete biti odvedeni na put napretka i uspjeha bez greške ako strpljivo čekate dok Vas Duh Sveti ne bude 100% nadzirao. Knjiga postanka 12 podsjeća nas da je Abraham poslušao Boga i napustio svoju domovinu čim mu je Bog tako zapovjedio iako nije znao kamo će. Međutim, zbog njegove poslušnosti Božjoj volji on je blagoslovljen kao praotac vjere i prijatelj Bogu.

Stoga, nemojte se brinuti kada Bog upravlja Vašim životima. U blagoslovima u svojim životima možete uživati jedino ako vjerujete u Njega i ako Ga slijedite jer je Bog Svemogući s Vama.

Savršena djela poslušnosti

Ako stupite na četvrtu razinu vjere, radosno ćee vršiti sve zapovjedi jer Boga ljubite do najvišeg stupnja. Nije da ste Mu nevoljko ili prinudno poslušni, nego ste Mu poslušni po izboru i

radosno iz dubine svojega srca zato jer Ga ljubite.
Dopustite mi da se poslužim jednim primjerom kako bih Vam to bolje objasnio. Pretpostavimo da ste u velikim dugovima. Ako ne otplatite duh odmah, prema zakonu biste trebali biti kažnjeni. Što je još gore, pretpostavimo da je nekog člana Vaše obitelji smjesta potrebno operirati. Obeshrabrit ćete se ako u takvoj teškoj situaciji nemate dovoljno novca.

A kako biste, onda, reagirali kad biste slučajno na ulici pronašli veliki dijamant? Vaša će reakcija varirati ovisno o mjeri Vaše vjere.

Ako se nalazite na prvoj razini vjere, dovoljnoj jedva da zadobijete spasenje, možda ćete misliti: ‚Ovim dijamantom mogu otplatiti sve svoje dugove i platiti troškove liječenja'. A to je zato što još uvijek ne poznajete Riječ Božju dovoljno. Osvrnut ćete se da provjerite ima li ikoga blizu Vas i, ako nema nikoga, uzet ćete taj dijamant.

Ako se nalazite na drugoj razini vjere, na kojoj nastojite živjeti po Riječi Božjoj, moguće je da ćete voditi duhovni rat sa željama grješne prirode i reći: „Ovo je Bog uslišao moju molitvu", i sa željama Duha Svetoga i reći: „Ne, to je krađa. Moraš ga vratiti njegovu vlasniku".

Možda ćete na početku oklijevati i razmišljati trebate li ga uzeti sa sobom ili ga ipak odnijeti na policiju, ali na koncu ga stavite u džep jer je u Vama prisutnije zlo od dobra. Da nemate dugova ili da niste u tako teškoj situaciji, možda biste na trenutak oklijevali, ali biste ga ipak odnijeli na policiju. Međutim, zlo unutar Vas može na kraju ipak pobijediti dobro jer se nalazite u beznadnoj situaciji.

Zatim, ako se nalazite na trećoj razini vjere ili čvrsto stojite na stijeni vjere i ako slijedite želje Duha Svetoga, dijamant ćete odnijeti na policiju jer ga želite vratiti njegovu vlasniku. Unatoč tomu, možda će Vam u srcu taj dragulj ipak nedostajati i mislit ćete: „Bio sam mogao otplatiti sve svoje dugove i platiti operaciju!" Dakle, Vaše djelo još uvijek nije savršeno jer na taj način želja za neistinom i dalje je u Vama.

Kako biste postupili u takvom iskušenju ako se nalazite na četvrtoj razini vjere? Nikada ne razmišljate o vlastitim željama, čak ni ako biste ugledali tako dragocjeni dragulj jer u Vašem srcu nema neistine i tako zla zamisao nikada Vam ne bi pala na um.

Umjesto toga, suosjećate s vlasnikom i mislite: „Pa mora biti da mu je srce slomljeno! Kladm se da posvuda traži ovaj dijamant. Smjesta ga nosim na policiju!" I učinit ćete kao što i mislite i odnijet ćete ga na policiju.

Isto tako, ako ljubite Gospodina do najvišeg stupnja i nalazite se na četvrtoj razini vjere, uvijek izvršavate zakon Božji, bez obzira hoće li Vas netko vidjeti ili ne zato što svojim životom slijedite zakon. U toj situaciji bespotrebno je da pokušavate razlikovati glas Duha Svetoga od ostalih glasova, kao što je glas Vašeg grješnog uma.

Prije nego što budete stajali na stijeni vjere, mnogo ćete se puta naći u poteškoćama jer Vi ne uspijevate razlikovati svoje vlastite misli i glas Duha Svetoga. Čak i ako stojite na stijeni vjere, moguće je da ih nećete uspjeti u cijelosti razlikovati.

Međutim, kada postignete mjeru vjere na četvrtoj razini, nema razloga da osjećate teret i samo trebate slijediti glas Duha Svetoga jer On 100% upravlja i nadzire Vaše srce i um.

Nadalje, kada se nalazite na četvrtoj razini vjere, ne oslanjate se na ljudske misli, mudrost ni iskustvo, nego Vas Gospodin vodi u svemu što poduzmete. Kao rezultat toga, možete uživati u blagoslovima „Jehovahjireh" (Gospodin će providjeti) i s Vama će sve dobro proteći.

3. Bezuvjetna ljubav prema Bogu

Ako se nalazite na četvrtoj razini vjere, bezuvjetno ljubite Boga. Naviještate evanđelje ili vjerno vršite Božja djela jer, ne očekujući blagoslove i uslišanje molitvi od Boga, jednostavno smatrate svojom dužnošću da to činite. Isti je slučaj i kada služite svojim susjedima požrtvovnom ljubavi. Činite to, a da ne očekujete ništa zauzvrat od njih jer silno ljubite njihove duše.

Traže li roditelji od svoje djece da im otplate ljubav? Oni to nikad ne čine; ljubav je davanje. Roditelji su jednostavno zahvalni i radosni zbog činjenice da imaju djecu koju ljube. Ako neki roditelji žele da ih njihova djeca slušaju ili odgajaju svoju djecu samo kako bi se hvalisali njima, oni očekuju da im djeca otplate ljubav.

Slično tomu, djeca ne traže ništa zauzvrat od svojih roditelja ako srcem punim istine ljube svoje roditelje. Kada vrše svoje dužnosti i daju sve od sebe kako bi udovoljili svojim roditeljima, njihovi roditelji moraju pomisliti: ‚Što da im dam?'

Slično tomu, ako postignete razinu vjere na kojoj Boga ljubite do najvišeg stupnja, sama činjenica da ste primili milost spasenja dovoljna je da Vas nagna da zahvaljujete Bogu, a zbog toga imate osjećaj da ni na koji način ne možete otplatiti Njegovu milost i ne možete a da bezuvjetno ne ljubite istinu i Boga.

Stoga, ako imate takvu vjeru da Boga bezuvjetno ljubite, naći ćete vremena i za molitvu i za rad i za služenje dan i noć za kraljevstvo Božje i Njegovu pravednost, a za to nećete očekivati ništa zauzvrat.

Ljubiti Boga nepokolebljivim srcem

U Djelima apostolskim 16:19-26 nalazimo Pavla i Silu koje su, iako su činili samo dobro, kao što je naviještanje evanđelja poganima i istjerivanje zlih duhova iz njih, ipak uhitili i na trg odvukli opaki ljudi. Svukli su ih, brutalno išibali i bacili u tamnicu. Stavili su ih u unutarnju prostoriju tamnice, a noge im stavili u klade. Što biste Vi učinili da ste bili na njihovu mjestu?

Ako se nalazite na prvoj ili drugoj razini vjere, moguće je da ćete se tužiti ili mrmljati: „Bože, pa jesi li Ti uistinu živ? Sve dosad smo vjerno radili za Tebe. Ali zašto si dopustio da nas bace u tamnicu?"

Na trećoj razini vjere moguće je da nikada nećete izustiti takve riječi, ali ćete se možda moliti depresivnim tonom: „Bože, vidio si kako smo poniženi dok smo za Tebe naviještali evanđelje. Sve je ovo previše bolno. Molimo ozdravi nas i oslobodi nas!"

Međutim, Pavao i Sila zahvaljivali su Bogu i pjevali Mu hvalospjeve, čak iako su se našli u vrlo beznadnoj i teškoj situaciji i nisu imali pojma što će biti s njima. Tad iznenada nastade tako jak potres da se uzdrmaše temelji tamnice. Odmah se otvoriše sva vrata, i svima spadoše okovi. Osim tog znamenja, tamničar i njegova obitelj prihvatili su evanđelje Isusa Krista i zadobili spasenje.

Dakle, ljudi na četvrtoj razini vjere mogu u svakom trenutku slaviti Boga jer imaju čvrstu vjeru pomoću koje su se uspijevali moliti i radosno slaviti Gospodina u svim kušnjama i problemima.

Radosna poslušnost prema svemu

U Knjizi postanka 22 Bog Abrahamu zapovijeda da Mu žrtvuje svojeg jedinog sina Izaka, sina kojega mu je Bog obećao, kao žrtvu paljenicu. Žrtva paljenica odnosi se na žrtvu koja se Bogu prinosi rezanjem neke životinje na komade, stavljanjem tih komada na naslagane cjepanice na oltaru i njihovim spaljivanjem. Abrahamu je trebalo tri dana da stigne u pokrajinu Moriju, gdje je trebao žrtvovati svoga sina Izaka kao žrtvu paljenicu i kao izraz svoje poslušnosti Bogu. Što mislite da se zbivalo u njegovom umu tijekom tog trodnevnog putovanja?

Neki smatraju da se Abraham onamo otputio s konfliktima unutar sebe: ‚Da Ga poslušam ili ne?' Međutim, ipak nije bilo tako. Morate znati da ljudi na trećoj razini vjere nastoje ljubiti Boga jer znaju da bi trebali ljubiti Boga.

Međutim, ljudi na četvrtoj razini vjere jednostavno Ga ljube, a da se ne moraju truditi da Ga ljube. Bog je već unaprijed znao da će Mu Abraham radosno iskazati poslušnost i iskušavao je njegovu vjeru. Pa ipak, on ne pripušta tako tešku kušnju ljudima koji nisu kadri iskazati Mu poslušnost.

I baš zato u Poslanici Hebrejima 11:19 stoji primjedba: *„Mislio je da je Bog kadar i mrtvace uskrisivati. Zato, sa slikovitim značenjem, dobi Izaka natrag"*. Abraham je bio u stanju radosno iskazati poslušnost Njegovoj zapovijedi jer je vjerovao da Bog može uskrisiti njegova sina od mrtvih. Na koncu je Abraham ipak položio ispit vjere i primio silne blagoslove. Postao je praotac vjere, blagoslov svih naroda, a nazivali su ga i „prijateljem" Božjim.

Ako spadate u one koji radosno iskazuju poslušnost Bogu, uvijek ste zahvalni i radosni u svakoj vrsti kušnja i problema. Ne možete a da ne zahvaljujete Bogu iz dubine svojega srca i da Mu se ne molite jer znate da Bog u svemu radi za Vaše dobro i da Vas blagoslivlja takvim kušnjama i progonima. Bog je zadovoljan Vašom vjerom i daje Vam sve što od Njega zatražite. Upravo nam zato Isus u Evanđelju po Mateju 8:13 kaže: „Neka ti bude kako si vjerovao!", a u Evanđelju po Mateju 21:22 kaže: „Što god u molitvi vjerujući zaištete, dobit ćete".

Ako Vam Bog još uvijek nije odgovorio na neku molitvu, to je samo dokaz za to da Mu ne vjerujete u cijelosti, nego da sumnjate u Njega. Stoga biste morali doseći stupanj na kojemu Boga bezuvjetno ljubite tako što ćete Mu radosno iskazivati poslušnost iz dubine svojega srca u svim okolnostima.

Prihvaćanje svega s ljubavlju i smilovanjem

Što ćete učiniti ako Vas netko krivi i optužuje bez ikakva razloga? Ako se nalazite na drugoj razini vjere, nećete to moći trpjeti i tužit ćete se na to ili oko toga prepirati. Osim toga, ako imate još opakiji um, naglo ćete reagirati, a moguće je da ćete ga i vrijeđati. Međutim, nije dobro da vjernici pokazuju bilo kakvu vrstu zla, kao što su ljutnja, nagla narav ili verbalno vrijeđanje, kao što stoji u Prvoj Petrovoj poslanici 1:16: „Budite sveti jer *sam ja svet!"*

A kako ćete reagirati ako se nalazite na trećoj razini vjere? Patite i osjećate nelagodu jer je Sotona neprestance na djelu u Vašim mislima. A to je zato što, iako u sebi mislite da biste se trebali radovati, ipak nemate dovoljno zahvalnosti i radosti koje se prelijevaju iz Vašega srca.

Ako se nalazite na četvrtoj razini vjere, um Vam nije uzdrman, a Vi se ne osjećate uzrujano, čak ni ako Vas drugi možda mrze ili Vas progone bez razloga jer ste već odbacili svaku vrstu zla.

Isus nije osjećao ni nelagodu ni bol iako se suočio i s progonom, i s opasnošću, i s poniženjem i s prezirom od ljudi dok je naviještao evanđelje. Nikada nije rekao nešto poput: „Nisam činio ništa osim dobra, ali su me opaki ljudi progonili i čak su me pokušali i ubiti. Vrlo sam tjeskoban". Nije im govorio ništa osim riječi koje život daju.

Ako se nalazite na četvrtoj razini vjere, to znači da ste nalik srcu Gospodnjemu. A sada žalite za onima koji Vas progone i molite za njih umjesto da ih mrzite ili da budete neprijateljski raspoloženi prema njima. Opraštate im i razumijete ih te ih prihvaćate s ljubavlju i smilovanjem.

Stoga se nadam se da ćete shvatiti da u sličnim situacijama ljudi nagle naravi ili ljudi koji mrze druge pate i padaju u depresiju, dok se oni koji opraštaju i druge prihvaćaju s ljubavlju i smilovanjem ne osjećaju tjeskobno, a svako zlo savladavaju dobrim.

4. Ljubljenje Boga ponad svega drugoga

Ako dosegnete razinu na kojoj ljubite Gospodina do najvišeg stupnja, u cijelosti vršite zapovijedi, a Vaša je duša dobro. Vama je sasvim prirodno da ljubite Boga ponad svega drugoga. Upravo zato apostol Pavao u Poslanici Filipljanima 3:7-9 priznaje da je sve što god mu bijaše dobitak smatrao gubitkom i da je sve pregorio jer je sve smatrao „blatom":

Ali, što god mi bijaše dobitak, to sam smatrao zbog Krista gubitkom. Pa, štoviše, i sve smatram gubitkom, jer spoznaja Krista Isusa, moga Gospodina, sve nadilazi. Radi njega sve pregorih i sve smatram blatom da Krista dobijem i budem u njemu, nemajući pravednosti svoje – one koja potječe od Zakona – nego onu koja potječe vjerom u Krista, pravednosti koju Bog daruje na osnovi vjere.

Kada ljubite Boga ponad svega drugoga

Isus nas u četiri evanđelja uči vrsti blagoslova koji se daruju onima koji odbace sve što imaju i ljube Boga više od svega drugoga, kao što je bio slučaj s apostolom Pavlom. On nam u Evanđelju po Marku 10:29-30 obećava stostruki blagoslov u ovom svijetu, a u budućem svijetu život vječni.

Zaista, kažem vam – odvrati Isus – svatko tko ostavi radi mene i radi Radosne vijesti kuću, ili braću, ili sestre, ili majku, ili oca, ili djecu, ili njive, dobiva za to stostruko: sad, u ovom svijetu, kuće, braću, sestre, majku, oca, djecu i njive, doduše s progonima, a u budućem svijetu život vječni.

Sintagma „ostaviti kuću, ili braću, ili sestre, ili majku, ili oca, ili djecu, ili njive, radi mene i radi Radosne vijesti" duhovno znači da više ne žudite za takvim ovosvjetovnim stvarima, da ste prekinuli tjelesne odnose te, ponad svega ljubite Boga koji je Duh.

Naravo da to ne znači nužno da ne ljubite druge ljude zbog toga što prvo ljubite Boga. O tomu nam Prva Ivanova poslanica 4:20-21 govori: *„Kad god tko rekne: ,Ljubim Boga', a mrzi brata svojega, lažac je. Jer, tko ne ljubi brata svojega koga vidi, ne može ljubiti Boga koga ne vidi. I ovu zapovijed imamo od njega: Tko ljubi Boga, neka ljubi i brata svojega!"*

Kaže se kako roditelji rađaju tijelo svoje djece. Čovjek nastaje u maternici spajanjem spermija oca i jajašca majke. Međutim, i spermij i jajašce roditelja stvorio je Bog Stvoritelj, a ne sami roditelji.

Nadalje, vidljivo se tijelo vraća u šaku pepela nakon smrti. Tijelo je, zapravo, samo kuća u kojoj obitavaju duh i duša. Pravi gospodar čovjekov jest duh, a sami Bog upravlja duhom. Dakle, trebali bismo ljubiti Boga ponad svega drugoga ako shvaćamo da nam samo Bog može podariti pravi život, život vječni i raj.

Prije sam lutao pred vratima smrti jer sam sedam godina bolovao od svakovrsnih neizlječivih bolesti. Na čudesan način u cijelosti sam ozdravio kad sam se susreo sa živim Bogom. Otada Ga ljubim ponad svega drugoga, a On mi uzvraća

mnogobrojnim blagoslovima.
Povrh svega, oprošteni su mi svi grijesi i zadobio sam spasenje i život vječni. Osim toga, bio sam dobro i uživao sam u dobrom zdravlju kako je moja duša napredovala. Kasnije me je Bog pozvao za svojega slugu kako bih ostvario svjetsku misiju i dao mi je moć.
Otkriva mi ono što se tek ima dogoditi. Također mi je poslao mnogobrojne dobre svećenike i odane djelatnike, a mojoj je crkvi omogućio da nevjerojatno naraste kako bih primio Božju providnost.
U međuvremenu blagoslovio me je da me ljube ne samo članovi crkve nego i nevjernici. Vodio je moju obitelj da Ga počnu ljubiti ponad svega i svakoga drugoga, a na taj ih je način u cijelosti zaštitio od svih vrsta bolesti i nesreća otkako su priznali Gospodina; nitko od njih nije nikad ni popio neki lijek niti bio hospitaliziran. Tako Me je toliko blagoslovio da mi ništa ne nedostaje.

Ispunjavanje duhovne ljubavi

Ako ljubite Boga ponad svega drugoga, živite u obilju jer Vas On vodi u svim okolnostima, a u Vaše srce ulijeva se obilje istinske sreće.

Kao rezultat toga, tu preobilnu ljubav dijelite s drugima jer se na Vas do kraja izlijeva duhovna ljubav. Možete ljubiti sve ljude vječno nepokolebljivim srcem jer u Vašim mislima nema ni traga zlu.

Duhovna ljubav u pojedinosti je opisana u Prvoj poslanici Korinćanima 13:4-7:

Ljubav je strpljiva, ljubav je dobrostiva; ljubav ne zavidi, ne razmeće se, ne oholi se. Ne radi nepristojno, ne traži svoje koristi, ne razdražuje se, ne uračunava zla. Ne raduje se nepravdi, a raduje se istini. Sve ispričava, sve vjeruje, svemu se nada, svemu odolijeva.

Danas u svijetu ima sukoba, neslaganja i sporova, a u brojnim domovima ima svađa između supružnika ili članova obitelji jer u njima nema duhovne ljubavi. Uvijek dolazi do sukoba, a oni ne uspijevaju stvoriti i održati dobar i miran dom jer svatko od njih tvrdi kako je samo on ili ona u pravu, a sve što žele, zapravo, jest da budu ljubljeni.

Međutim, kada ljudi počnu ljubiti Boga ponad svega drugoga, oni zadobivaju duhovnu ljubav odbacivanjem ovosvjetovne ljubavi. Ovosvjetovna ljubav je promjenjiva i traži zadovoljenje sebičnog sebstva, dok duhovna ljubav stavlja druge na prvo mjesto u skrušenom umu i traži korist za druge radije negoli korist za samoga sebe. Ako imate tu duhovnu ljubav, Vaš će dom zacijelo biti ispunjen srećom i skladom.

Kao što se to često događa, kada počnete ljubiti Boga, progone Vas članovi Vaše obitelji ili prijatelji koji još uvijek ne vjeruju u Boga (Evanđelje po Marku 10:29-30). Međutim, to ne traje predugo. Ako je Vaša duša dobro i ako dosegnete četvrtu razinu vjere, proganjanje se pretvara u blagoslove, a Vaši Vas progonitelji počinju ljubiti i odobravati.

U Drugoj poslanici Korinćanima 11:23-28 opisano je kako je apostol Pavao bio progonjen dk je naviještao evanđelje u Ime Gospodnje. Radio je za Gospodina napornije od svih drugih, češće su ga bacali u tamnicu, brutalnije su ga šibali, a uvijek su ga iznova izlagali smrti. Pa ipak, Pavao je zahvaljivao i radovao se umjesto da se osjeća tjeskobno.

Sukladno tomu, ako dosegnete četvrtu razinu vjere na kojoj ljubite Boga ponad svega drugoga, čak i da hodite dolinom smrti, to mjesto može biti pravi raj, a progoni se brzo pretvaraju u blagoslove jer je Bog s Vama.

U Evanđelju po Mateju 5:11-12 Isus nam govori: *„Blago vama kad vas budu grdili, progonili i protiv vas lažno govorili svaku vrstu opačine zbog mene. Radujte se i kličite od veselja, jer vas čeka velika nagrada na nebesima! Jer, tako su progonili i proroke koji su živjeli prije vas".*

Stoga morate razumjeti da, kad se radujete i kličete od veselja čak i ako Vas zbog Gospodina snađu kušnje i problemi, ne samo da primate Božju ljubav, priznanje i nagradu na nebesima, nego primate i stostruko više još na ovom svijetu.

Darovi Duha Svetoga i blaženstva

Kada dosegnete četvrtu razinu vjere, obilno ćete primiti devet darova Duha Svetoga i na Vas će se početi izlijevati blaženstva. Poslanica Galaćanima 5:22-23 govori nam o devet darova Duha Svetoga: *„A plod je Duha: ljubav, radost, mir, strpljivost, blagost, dobrota, vjernost, krotkost, uzdržljivost. Svemu tomu Zakon ne protuslovi".*

Dar Duha Svetoga ljubav je Isusa Krista koji daje čašu vode neprijatelju kad je ovaj žedan i hrani ga kad je gladan. Kada primite dar radosti, na Vas silazi istinski mir i sreća jer tražite i stvarate samo dobrotu i ljepotu. Također ste i u dobrim odnosima sa svim ljudima u svetosti kada primite plod mira.

Osim toga, neprestance se molite sa zahvalnošću i radošću s darom strpljivosti, čak i ako Vas snađu patnje i kušnje. Pomoću dara blagosti opraštate neoprostive stvari i ljudima kojima se ne može oprostiti, shvaćate ono što ne možete shvatiti i brinete se o drugima kako bi oni napredovali više od Vas samih. S darom dobrote odbacujete svaku vrstu zla, tražite lijepu dobrotu, a ne zanemarujete niti vrijeđate osjećaje drugih ljudi.

S darom vjernosti u cijelosti poštujete Riječ Božju i vjerni ste Gospodinu u toj mjeri da biste za Njega dali i vlastiti život jer žudite za vijencem života. S darom krotkosti, blage poput pamuka, uspijevate okrenuti lijevi obraz kad Vas netko udari po desnom, a sve prihvaćate s ljubavlju i smilovanjem.

I naposljetku, s darom uzdržljivosti slijedite Božje zapovijedi bez tvrdoglavosti ili pristranosti i vršite volju Božju na prekrasan i skladan način.

Osim toga, vidjet ćete kako će na Vas početi silaziti i blaženstva opisana u Evanđelju po Mateju 5, koja su neuništiva, nepromjenjiva i vječna.

Kada obilujete darovima Duha Svetoga i kada na Vas počnu silaziti blaženstva, vrlo ste blizu pete razine vjere, na kojoj će Vas Bog voditi u plodonosan život, a ubrzo će vam biti dano i ono o čemu samo razmišljate.

Da biste stigli na vrh planine, morate se penjati uz planinu, korak po korak. Na vrhu se osjećate poprilično osvježenima i radosnima iako je putovanje bilo vrlo naporno. Poljodjelci naporno rade nadajući se obilnoj žetvi jer vjeruju da će uspjeti požnjeti onoliko koliko su se znojili. Isto tako, i mi možemo požnjeti blagoslove koje nam Bog obećava u Bibliji ako živimo u istini.

U Ime našeg Gospodina molim da imate toliko vjere da ljubite Gospodina ponad svega drugoga odbacivanjem svojih grijeha i revnosnom borbom protiv njih te življenjem po volji Božjoj!

8. poglavlje

Vjera mila Bogu

1
Peta razina vjere
2
Vjera za žrtvovanje vlastitog života
3
Vjera za činjenje znamenja i čudesa
4
Biti vjeran u Božjem hramu

*„Ljubljeni, ako nas srce ne osuđuje,
imamo pouzdanje u Boga.
I što ga god molimo,
primamo od njega, jer vršimo njegove zapovijedi
i činimo što mu se sviđa".*
(Prva Ivanova poslanica 3:21-22)

Roditelji su ispunjeni radošću i ponosom kada ih njihova djeca slušaju, poštuju i ljube iz dubine svojih srca. Takvoj djeci roditelji ne samo da daju sve što zatraže, nego im pokušavaju dati čak i ono što samo žele u svojim srcima ne tražeći zadovoljenje svoje potrebe.

Slično tomu, kada ste poslušni Bogu i kada Mu se sviđate, ne samo da ćete od Njega primiti sve što zatražite, nego i sve što poželite samo u svojemu srcu jer je Bogu silno mila Vaša vjera i On Vas ljubi. Uistinu, ništa nije nemoguće kada imate takav odnos s Njim.

Hajdemo se sada pozabaviti vjerom koja je mila Bogu i načinima na koji je možemo postići.

1. Peta razina vjere

Vjera mila Bogu veća je od vjere ljubljenja Boga ponad svega drugoga. Pa što je onda vjera mila Bogu? Oko sebe vidimo djecu koja istinski ljube svoje roditelje, poštuju volju svojih roditelja i u svemu razumiju srce svojih roditelja. Nadalje, tek kad uspijete pojmiti dimenziju ljubavi kojom možete udovoljiti svojim roditeljima, uspjet ćete razumjeti i što je vjera koja je mila Bogu.

Koja vrsta ljubavi može udovoljiti Bogu?

U korejskim bajkama susrećemo vjerne sinove, kćeri ili nevjeste koji su djelima ljubavi udovoljavali svojim roditeljima i kojima su čak uzdrmali i nebesa. Primjerice, jedna pripovjetka govori o sinu koji se brine o svojoj staroj majci koja je bolesna prikovana za krevet. On se trudio na svaki način da njegova majka ozdravi, ali uzalud. Jednog je dana sin čuo da bi njegova bolesna i stara majka mogla ozdraviti kad bi pila krv iz njegova prsta. Sin je spremno odrezao svoj prst i dao joj piti svoje krvi. Ubrzo se majka oporavila. Naravno da nema liječničkog dokaza da ljudska krv može poboljšati zdravstveno stanje bolesnika. Međutim, njegova požrtvovna ljubav i ozbiljnost dirnuli su Boga i On mu se smilovao, baš kao što nam govori korejska poslovica: „Iskrenost uzdrmava nebesa".

A ima i još jedna dirljiva priča o sinu koji se brinuo o svojim bolesnim roditeljima. On je usred zime, probijajući svoj put kroz snijeg koji je sezao ponad koljena, otišao u dubinu šume kako bi ondje iskopao rijetku, čudesnu travu i plod, za koje su mu rekli da bi bili dobri za njegove bolesne roditelje.

A opet ima još jedna priča o mužu i ženi koji su vjerno služili svoje stare roditelje svaki dan dobrom hranom, čak iako su njih dvoje i njihova djeca često gladovali.

A što je s ljudima našeg doba? Ima onih koji kriju slasnu hranu kako bi njome nahranili svoju djecu, ali svoje roditelje hrane slabo i nevoljko. Nikada ne biste to nazvali ljubavlju u pravom smislu riječi ako oni svu ljubav daruju vlastitoj djeci, a zaboravljaju milost i ljubav vlastitih roditelja. Oni koji istinski ljube svoje roditelje služit će im dobru hranu, a možda će čak pokušati i prikriti činjenicu da njihova vlastita djeca gladuju. Biste li se Vi mogli toliko žrtvovati za svoje roditelje? Stoga bismo trebali vidjeti očitu razliku između poslušne ljubavi s radošću i zahvalnošću i ljubavi koja udovoljava roditeljima. Ranije nije bilo lako pronaći djecu koja imaju toliko ljubavi koja udovoljava roditeljima, a danas je postalo tim teže pronaći takvu djecu jer svijet sad obiluje grijehom i zlom. To je slično roditeljskoj ljubavi, za koju se kaže da je najljepša ljubav. Čak mi je i moja majka, koja me je mnogo voljela, govorila dok je gorko plakala: „Bolje bi ti bilo da čim prije umreš. Tako mi možeš iskazati počast" jer sam godinama bolovao i nije bilo nade u oporavak.

Međutim, na koji je način Bog ljubavi pokazao svoju ljubav prema nama? On ne samo da nam je dao svojeg Sina Jedinorođenca kako bi umro na križu i tako otvorio vrata spasenja i raja, nego nam je dao i svoju beskrajnu ljubav.

U mom slučaju, otkako sam se susreo s Bogom, uvijek sam osjećao i shvaćao Njegovu silnu ljubav tako da sam uspio razumjeti Njegovu ljubav iz dubine svojega srca i brzo sam prešao na sljedeću razinu mjere vjere. I postigao sam to da Ga sad ljubim ponad svega drugoga, a i da imam Bogu milu vjeru.

Imati Bogu milu vjeru

U Psalmima 37:4 Bog nam obećava: „*Sva radost tvoja neka bude Jahve: on će ispuniti želje tvoga srca!*" Ako udovoljavate Bogu, On ne samo da će Vam davati sve što zatražite, nego i sve što u svojem srcu poželite.

Kada sam tek osnivao svoju crkvu, imao sam samo oko $ 10. Pa ipak, Bog me je blagoslovio da iznajmim zgradu veličine gotovo 900 četvornih stopa da osnujem svoju crkvu kad sam molio u vjeri. Bog je također mojoj crkvi podario veliku duhovnu obnovu i blagoslove dobre, zbijene, stresene i preobilne mjere dok sam molio s velikom vizijom i snom o svjetskoj misiji od samog početka.

Slično tomu, i Vama je sve moguće kada mate vjeru milu Bogu jer nas Isus podsjeća u Evanđelju po Marku 9:23: *„Što se tiče 'Ako možeš?' – reče mu Isus – sve je moguće onome koji vjeruje".* Isto tako, kao što se navodi u Ponovljenom zakonu 28, blagoslovljen ćeš biti kada ulaziš, blagoslovljen kada izlaziš, mnogima ćeš u zajam davati, a sam nećeš uzimati u zajam, a Jahve će te držati na pročelju. Nadalje, pratit će te znamenja, kao što ti je obećano u Evanđelju po Marku 16.

Isus Vam također obećava nezamislive blagoslove i u Evanđelju po Ivanu 14:12-13. Hajde da zajedno pročitamo te retke i vidimo koji će Vas to blagoslovi pratiti kada budete imali vjeru milu Bogu:

Zaista, zaista, kažem vam, tko vjeruje u me, i on će činiti djela koja ja činim. Činit će čak veća od ovih, jer ja idem k Ocu. I što god zamolite u moje ime, učinit ću to da se proslavi Otac u Sinu.

Blagoslovi dani Henoku

U Bibliji vidimo brojne praoce vjere koji su bili mili Bogu. Kako je, recimo, Henok, koji se spominje u Poslanici Hebrejima

11, omilio Bogu i koje je blagoslove primio?

Vjerom je Henok prenesen te nije iskusio smrti; i više ne bijaše nađen, jer ga Bog bijaše prenio. Prije, naime, nego što bijaše prenesen primi svjedočanstvo da se svidio Bogu. A bez vjere je nemoguće svidjeti se; jer, onaj koji hoće pristupiti Bogu mora povjerovati da postoji Bog i da nagrađuje one koji ga traže (retci 5-6).

U Knjizi postanka 5:21-24 Henok se prikazuje kao onaj koji je mio Bogu jer je bio posvećen u dobi od 65 godina i bio je vjeran u Božjem hramu. Henok je hodio s Bogom 300 godina, s Njime dijelio ljubav i nije iskusio smrti jer ga je Bog prenio. Toliko je obilno bio blagoslovljen da sada obitava blizu Božjeg prijestolja, dijeleći ljubav s Njime do najvišeg stupnja.

Slično tomu, moguće je biti prenesen na nebo i ne iskusiti smrt ako imate vjeru milu Bogu. Ni prorok Ilija nije iskusio smrti, nego je prenesen na nebo jer je svjedočio o živom Bogu i spasio brojne ljude pokazujući im čudesna djela moći s vjerom milom Bogu.

Vjerujete li da Bog postoji i da nagrađuje one koji Ga iskreno traže? Ako imate takvu vjeru, i doliči se da se u cijelosti posvetite i da dadnete čak i svoj život kako biste izvršili svoje bogomdane dužnosti.

2. Vjera za žrtvovanje vlastitog života

Isus nam u Evanđelju po Mateju 22:37-40 zapovijeda ovako:

„*Ljubi Gospodina, Boga svojega, svim srcem svojim, svom dušom svojom i svom pameti svojom! To je najveća i prva zapovijed. Druga je toj jednaka: ,Ljubi bližnjega svojega kao sebe samoga'. O tim dvjema zapovijedima ovise sav Zakon i Proroci".*

Kao što Isus kaže, ljudi koji ljube Boga mili su Mu ne samo zato što svim srcem, svom dušom i svom pameti svojom ljube Boga, nego i zato što ljube bližnjega svojega kao sebe samoga. Tu Bogu milu vjeru možete nazvati „Kristovom vjerom" ili „potpunom duhovnom vjerom" jer je ta vjera dovoljno čvrsta da ćete čak i vlastiti život bezrezervno dati za Isusa Krista.

Vjera za žrtvovanje života za volju Božju

Isus je htio do kraja poslušati volju Božju. Razapet je na križu, postao je prvi koji je uskrsnuo, a sada sjedi zdesna Bogu, a sve to zato što je imao vjeru da do kraja žrtvuje samoga sebe sve do toga da je dao i život, kao izraz potpune poslušnosti. Stoga, Bog svjedoči o Isusu i kaže: „*Ovo je Sin moj, Ljubimac, koji mi je mio"* (Evanđelje po Mateju 3:17, 17:5) i „*Evo Sluge mojega kog odabrah, Ljubimca mojega koji mi je mio"* (Evanđelje po Mateju 12:18).

Tijekom povijesti crkve bilo je mnoštvo praotaca vjere koji su bezrezervno davali svoje živote, baš kao što je to učinio i sam Isus, radi udovoljavanja volji Božjoj. Osim Petra, Jakova i Ivana, koji su cijelo vrijeme slijedili Isusa, i brojni su drugi dali svoje živote za Isusa Krista bez ikakvog oklijevanja ili rezerve. Petar je naglavačke razapet na križ; Jakovu je odrubljena glava, a Ivana su bacili u ključalo ulje u željeznom loncu, ali nije umro, pa je prognan na otok Patmos.

Slaveći Boga, mnogi su kršćani izgbili živote u rimskom Koloseumu kao plijen lavova. Mnogi su se drugi čvrsto držali svoje vjere i sav su život proživjeli u katakombama, „vrstom podzemnog groblja", a da nikad nisu ugledali sunčevu svjetlost. Bogu je njihova vjera bila mila jer su živjeli kao što zapovijeda Sveto pismo: „*Jer, bilo da živimo, Gospodinu živimo, bilo da umiremo, Gospodinu umiremo. Dakle, i ako živimo i ako umiremo, Gospodinu pripadamo*" (Poslanica Rimljanima 14:8).

1992. počeo sam krvariti iz nosnica zbog preopterećenosti poslom i premalo sna i odmora. Činilo se da mi se iz tijela izlila sva krv. Kao rezultat toga, brzo sam se našao u kritičnom stanju. Postupno sam gubio prisebnost i na kraju sam dospio na sam prag smrti.

U to sam vrijeme imao osjećaj da ću se ubrzo naći u Isusovom naručju, ali nisam imao namjere ovisiti o medicinskom liječenju. Nikad mi nije ni palo na pamet da potražim liječnika zbog svog krvarenja iz nosa. Nisam išao u bolnicu niti sam se oslanjao ni na koji drugi ovosvjetovni lijek, čak ni kad sam se suočio sa samom smrću, jer sam vjerovao u Svemogućeg Boga, moga Oca. Ni moja me obitelj ni članovi crkve nisu nagovarali na bolničko liječenje. Toliko su me dobro poznavali da su znali da sam uvijek do kraja posvećivao svoj život Bogu, a ne svijetu ni ljudima.

Čak i dok sam bio u nesvjestici zbog obilnog krvarenja, moj je duh zahvaljivao Bogu na činjenici da sam uspijevao uživati u Isusovu naručju i krenuti na vječni počinak. Moja je jedina nada bila da ću upoznati Gospodina Isusa.

Međutim, Bog mi je u viđenju pokazao što će se dogoditi s mojom crkvom poslije moje smrti. Pokazao mi je da će neki ostati u crkvi i zadržati svoju vjeru, dok će se pak mnogi drugi vratiti ovome svijetu, napustiti Boga i griješiti protiv Njega. Kad sam to vidio, nisam više uspijevao uživati u Isusovu naručju. Umjesto toga, iskreno sam zamolio Boga da me ojača jer sam osjećao duboku tugu prema onima koji će se vratiti ovome svijetu. Potom, uz pomoć Boga koji me je ozdravio, ustao sam iz kreveta i smjesta sjeo iako sam skoro umro i bio sam već blijed kao krpa.

Nakon što sam se osvijestio, vidio sam kako mnogi crkveni djelatnici liju suze radosnice. Kako da ih ne dirne doživljaj Božjeg čudesnog i moćnog djela uskrisivanja mrtvaca?

Isto tako, i Bogu su mili oni koji pokazuju svoju vjeru i koji su bezrezervno spremni da čak i svoj život dadnu i On im brzo uslišava molitve. Zahvaljujući mučenicima u ranoj crkvi evanđelje se brzo proširilo diljem svijeta. Čak je i u Koreji krv mučenika pomogla brzom širenju evanđelja.

Vjera za vršenje volje Božje

U Prvoj poslanici Solunjanima 5:23 stoji: „*A sâm Bog mira neka vas potpuno posveti! I neka potpuno sačuva vaš duh, vašu dušu i vaše tijelo da budete bez prijekora kada dođe naš Gospodin, Isus Krist!*" Ovdje se „vaš duh" odnosi na stanje u kojemu ste u cijelosti postigli srce Isusa Krista.

Čovjek od duha je onaj koji živi jedino po volji Božjoj jer on uvijek može čuti glas Duha Svetoga, a njegovo srce postaje samom istinom ostvarivanjem Riječi Božje u cijelosti. I Vi možete postati čovjekom od duha i zauzeti Isusov stav kad ste u cijelosti posvećeni odbacivanjem svake vrste zla borbom protiv grijeha koje u sebi pronađete.

Štoviše, kad se čovjek od duha i dalje oboružava Riječju Božjom, istina vlada ne samo Vašim srcem, nego i čitavim Vašim životom.

Onda tu vrstu vjere možete nazvati „potpuna vjera" ili „savršena vjera Isusa Krista". Moći ćete postići takvu vrstu vjere kada imate iskreno srce, kao što je to opisano u Poslanici Hebrejima 10:22: „*Pristupajmo iskrena srca i sa sigurnim uvjerenjem pošto smo očistili srca od zle savjesti i oprali tijelo čistom vodom*".

Međutim, to ipak ne znači da ste jednaki Isusu Kristu, čak i kad biste imali Isusov stav i imali Kristovu vjeru. Pretpostavimo da neki sin u toj mjeri poštuje svojega oca da mu pokušava biti što više nalik. Moguće je da će on nalikovati očevom karakteru ili osobnosti, ali on nikad neće biti svoj otac.

Isto tako, ni Vi nkada nećete biti Isus Krist. On je ustanovio duhovni poredak u Evanđelju po Mateju 10:24-25: „*Nije učenik nad učiteljem, ni sluga nad svojim gospodarom. Dosta je učeniku da se pokaže kao njegov učitelj, i sluzi kao njegov gospodar*".

A što je s odnosom između Mojsija koji je izveo Izraelce iz Egipta i Jošue koji je naslijedio Mojsija i odveo svoj narod u zemlju kanaansku? Mojsije je razdvojio Crveno more i učinio da iz kamena poteče voda, ali Jošua nije bio ništa manje vrijedan od Mojsija kad je riječ o vršenju Božjih znamenja: on je zaustavio rijeku Jordan u fazi plime, spriječio je pad Jerihona i učinio da se i sunce i mjesec zaustave gotovo cijeli jedan dan. Unatoč tomu, Jošua nije mogao biti nadređen Mojsiju koji je razgovarao s Bogom, lice u lice, jasno a ne u zagonetkama.

U ovome svijetu moguće je da učenik bude nadređen svojemu učitelju, ali je to nemoguće u duhovnom kraljevstvu. A to je zato što se duhovno kraljevstvo može pojmiti jedino uz Božju pomoć, a ne pomoću knjiga ili ovosvjetovnog znanja. Stoga, onaj kojega je duhovno disciplinirao duhovni učitelj neće biti nadređen svojemu učitelju koji razumije i čini sve po Božjoj milosti.

U Bibliji Eliša je primio dvostruku porciju Ilijinog duha i učinio je više znamenja, ali je ipak bio manje vrijedan od Ilije koji je živ podignut na nebo. Također, tijekom dana rane crkve, Timotej je činio mnogo toga za Gospodina Isusa, ali nije mogao biti nadređen svojemu učitelju, apostolu Pavlu.

Budući da nema granica u duhovnom kraljevstvu, nitko ne može do kraja spoznati njegovu dubinu. Upravo zato i Vi o njemu saznajete isključivo putem Božjeg nauka, a ne na svoju ruku. Isto je tako s činjenicom da ne znate koliko je dubok ocean ili koje sve vrste bilja i sisavaca žive na njegovu dnu. Pa ipak, kad biste zaronili duboku u ocean, ugledali biste mnoštvo raznobojnih riba i biljaka. Štoviše, kad biste istraživali ocean još više, otkrili biste i druge njegove tajne. Isto tako, što budete ulazili dublje u duhovno kraljevstvo, to ćete o njemu više naučiti.

Sami me Bog uči i dopušta mi da razumijem duhovno kraljevstvo kako bih postigao dublju razinu duhovnog kraljevstva. On me je i vodio da i sam doživim duhovno kraljevstvo. On me na takav način vodi i uči me mjeri vjere u pojedinosti i pomoću mene vodi brojne druge ljude da dospiju do što dublje razine duhovnog kraljevstva. Imajući to na umu, trebali biste se pažljivije preispitivati i pokušati zadobiti što zreliju vjeru.

3. Vjera za činjenje znamenja i čudesa

Ako imate potpunu vjeru kako se istina bude u cijelosti nastanjivala u Vašemu srcu, nagomilat ćete molitve kako budete nastojali živjeti u po volji Božjoj. A to je zato što biste trebali primiti moć spašavanja što je moguće više duša, od kojih svaku Bog smatra dragocjenijom od svemira. Zašto je Isus razapet? On je htio spasiti izgubljene duše koje lutaju putom grijeha i učiniti ih djecom Božjom. Zašto je Isus rekao: „Žedan sam" dok je visio razapet na križu, krvareći satima na žestokom suncu? Tim riječima Isus od nas nije tražio da Mu utažimo fizičku žeđ nastalu kao rezultat prolijevanja krvi, nego da utažimo Njegovu duhovnu žeđ plaćajući plaću Njegove krvi. Bio je to ozbiljan poziv svima nama da spašavamo izgubljene duše i da ih vodimo u Isusovo naručje.

Spašavanje mnogih pomoću moći

Kada netko dospije na petu razinu vjere na kojoj je mio Bogu, on se ozbiljno pita: ‚Kako da što više ljudi odvedem u Očevo naručje? Kako da proširim Božje kraljevstvo i pravednost?' i on uistinu daje sve od sebe kako bi to ostvario. Stoga, on pokušava udovoljiti Bogu vršenjem drugih dužnosti, osim toga što u cijelosti vrši svoje bogomdane dužnosti.

Međutim, čak ni tako predani pojedinac ne može udovoljiti Bogu, a da pritom ne primi snagu jer, kao što nas podsjeća Prva poslanica Korinćanima 4:20: *„Jer, kraljevstvo Božje nije u riječi, nego u snazi"*. Kako da primite snagu kojom ćete mnoge odvesti na put spasenja? Primiti je možete jedino neprestanom molitvom. A to je zato što se spašavanje duša ne postiže ljudskim govorom, znanjem, iskustvom, reputacijom ili autoritetom, nego samo snagom koju mu daje Bog.

Dakle, oni na petoj razini vjere moraju se nastaviti usrdno moliti kako bi primili snagu pomoću koje će moći spasiti što je moguće više duša.

Kraljevstvo Božje stvar je snage

Jednom sam upoznao svećenika koji ne samo da je bio blagog srca, nego je pokušavao i izvršiti svoju dužnost i moliti za život po Riječi Božjoj, ali nije bio toliko plodonosan koliko je očekivao. Što je razlog tomu? Da je istinski ljubio Boga, predao bi Mu sav svoj um, svoju volju, svoj život, pa čak i svoju mudrost, ali on to nije učinio. Trebao je razumjeti da je on sam još uvijek gospodar svojega života, umjesto što je dopustio Bogu da ga vodi.

Bog nije mogao činiti ništa njemu u korist jer taj svećenik nije u cijelosti ovisio o Bogu niti je izvršavao svoju dužnost, nego je ovisio o vlastitom znanju i mislima. Zato on i nije uspio očitovati Božje djelo za koje čovjek nije sposoban iako je vidio rezultat svojih nastojanja.

Stoga, i Vi biste se trebali moliti, slušati glas Duha Svetoga i dopustiti da Duh Sveti upravlja Vama, umjesto da se oslanjate na ljudske misli, znanje i iskustvo kada hoćete služiti Bogu. Jedino kad postanete čovjekom od istine i kad Vama u cijelosti upravlja Duh Sveti, doživjet ćete čudesna djela koja se očituju putem Njegove volje koja dolazi odozgor.

Međutim, kada se oslanjate na ljudske misli i teorije, čak i ako mislite da poznajete Riječ Božju, molite i dajete sve od sebe da vršite svoju dužnost, Bog ipak nije s Vama jer je takav stav bahat u Božjim očima. Stoga morate do kraja odbaciti svoju grješnu narav, usrdno moliti kako biste postali savršena duhovna osoba i moliti za Božju snagu, shvaćajući zašto je apostol Pavao priznao: „Svaki dan umirem".

Ako molite po nadahnuću Duha Svetoga

Svi koji su priznali Gospodina Isusa trebali bi se moliti jer je molitva dah duhovnosti. Pa ipak, sama suština molitve razlikuje se ovisno o različitim razinama vjere. Netko na prvoj ili drugoj razini vjere uglavnom moli za sebe, ali jedva da se uspijeva moliti desetak minuta jer nema mnogo toga za što se moli.

Isto tako, on ne moli s vjerom iz dubine svojega srca čak ni onda kada moli za Božje kraljevstvo i pravednost. Međutim, kada dospije na treću razinu vjere, on uspijeva moliti za Božje kraljevstvo i Njegovu pravednost, a da pritom ništa ne traži za samoga sebe.

Osim toga, kako će on moliti kada dospije na četvrtu razinu? Na toj razini on moli samo za Božje kraljevstvo i pravednost jer je u cijelosti odbacio i djela i želje grješne prirode.

Ne mora se moliti da se oslobodi svojih grijeha jer već živi po

Riječi Božjoj. On od Boga traži neke druge stvari koje se ne tiču njegove vlastite obitelji ni njega samoga: spasenje većeg broja ljudi, širenje Božjeg kraljevstva i pravednosti, i za svoju crkvu, crkvene djelatnike i svu braću i sestre u vjeri. On se neprestance moli jer je svjestan da on sam ne može spasiti niti jednu dušu ako ne primi snagu Božju odozgor. On također usrdno moli svim svojim srcem, svojom dušom, svojim umom i snagom za Božje kraljevstvo i pravednost.

Nadalje, ako on dospije na petu razinu vjere, on prinosi molitve koje mogu biti mile Bogu i molitve zahvale koje mogu taknuti Boga čak i na Njegovom prijestolju.

U prošlosti trebalo mu je jako dugo dok nije uspio moliti u punini Duha Svetoga, ali sad on osjeća da njegova molitva uzlazi u nebo pomoću nadahnuća Duha Svetoga, i to čim on klekne da se pomoli.

Teško je kad se molite za odbacivanje svojih grijeha. Ali, nije teško kada s vjerom molite da primite Božju snagu za spašavanje što je moguće više duša i da omilite Bogu s gorljivom ljubavi prema Gospodinu.

Pokazivanje čudesnih znamenja i čudesa

Mnoga se čudesna znamenja i čudesa očituju kroz osobu koja ustrajno i usrdno moli s gorljivom ljubavi da primi snagu Božju. To samo potvrđuje da on ima vjeru milu Bogu.

Isus je učinio brojna čudesna znamenja i čudesa tijekom svojeg djelovanja, a u Evanđelju po Ivanu 4:48 On nam govori: *„Ako ne vidite čudesnih znamenja, doista ne povjerujete".* A to je zato što je Isus mogao lako dovesti ljude do vjere u Boga očitovanjem živog Boga pokazivanjem čudesnih znamenja i čuda.

I danas Bog odabire prave ljude i omogućuje im da čine znamenja i čudesa, pa čak i veće stvari od onih koje je Isus činio (Evanđelje po Ivanu 14:12). Samo u mojoj crkvi očitovala su se bezbrojna znamenja i čudesa.

Hajde da sada preispitamo znamenja i čudesa koja se očituju putem onih koji imaju vjeru milu Bogu. Kao prvo, kada se očituje i pokaže Božja snaga koja je onkraj ljudske sposobnosti, to nazivamo „znamenjem". Primjerice, slijepi progledaju, nijemi progovaraju, gluhi čuju, hromi hodaju, kratka se noga produljuje, savijena kralježnica se ispravlja, a normaliziraju se i dječja ili cerebralna paraliza.

O znamenjima Isus nam u Evanđelju po Marku 16:17-18 govori:

> *Ova će znamenja pratiti one koji budu povjerovali: mojim će Imenom izgoniti zle duhove; govorit će novim jezicima; zmije će uzimati rukama i, ako popiju što smrtonosno, doista im neće nauditi; na bolesnike će stavljati ruke, i oni će ozdravljati!*

Ovdje „oni koji budu povjerovali" predstavlja one koji imaju vjeru otaca. Znamenja koja prate „one koji budu povjerovali" mogu se podijeliti u pet kategorija, a njima ću se u pojedinosti pozabaviti u sljedećem poglavlju.

Kao drugo, od mnogih Božjih djela „znamenje" je i promjena vremena koja uključuje pomicanje oblaka, padanje kiše s neba ili zaustavljanje njezina padanja, kretanje nebeskih tijela i slično tomu. Prema Bibliji Bog je poslao gromove i kišu dok se Samuel molio (Prva knjiga o Samuelu 12:18). A kada je prorok Izaija zazvao Gospodina, znamo da *"Jahve učini da se sjena vrati za deset stupnjeva"* (Druga knjiga o kraljevima 20:11). Isto tako, Ilija *"se usrdno pomoli da ne padne kiša, i ne pade na zemlju za tri godine i šest mjeseci. Zatim se ponovno pomoli, pa nebo dade kišu"* (Jakovljeva poslanica 5:17-18).

Slično tomu, Bog ljubavi vodi ljude na put spasenja pokazujući im opipljiva čudesna znamenja i čudesa putem ljudi koje On smatra ispravnima. Stoga biste trebali imati čvrstu vjeru u Riječ Božju zapisanu u Bibliji i pokušati zadobiti Bogu milu vjeru.

4. Biti vjeran u Božjem hramu

Na prvoj ili drugoj razini vjere ljudi mogu privremeno ući u stanje pete razine vjere. A to je zato što kada tek prime Duha Svetoga, toliko se napune Duhom Svetim da se ne boje ni smrti, nego postanu zahvalni, revno mole, naviještaju evanđelje i dolaze na svako misno slavlje. Oni dobijaju sve što zatraže jer se nalaze na četvrtoj ili petoj razini vjere iako je njihovo iskustvo privremeno. Kada izgube puninu Duha Svetoga, oni se ubrzo vraćaju na vlastitu razinu vjere.

Pa ipak, ljudi na petoj razini vjere nikad se ne mijenjaju. To je zato što su oni uvijek napunjeni Duhom Svetim tako da uspijevaju savršeno kontrolirati i upravljati svojim umom, a ne žive na način na koji žive ljudi na prvoj ili drugoj razini vjere. Osim toga, oni su uistinu mili Bogu jer su vjerni u Njegovu hramu.

O Mojsiju nam Knjiga brojeva 12:3 govori: „*Mojsije je bio veoma skroman čovjek, najskromniji čovjek na zemlji*", a u retku 7 primjećuje se: „*Ali nije tako sa slugom mojim Mojsijem. Od svih u kući mojoj najvjerniji je on*". Po tomu znamo da se Mojsije nalazio na petoj razini vjere, na kojoj je mogao biti mio Bogu.

Što to znači „biti vjeran u Božjoj kući"? Zašto Bog priznaje samo one koji su vjerni u Njegovom hramu poput Mojsija kao one koji imaju vjeru milu Bogu?

Značenje vjernosti u Božjem hramu

Onaj koji je „vjeran u Božjem hramu" ima Kristovu vjeru ili „potpunu duhovnu vjeru"; on sve čini sa stavom Isusa Krista. On sve čini sa srcem Kristovim i srcem duha, ne oslanjajući se pritom na svoje misli ili um.

Budući da je postigao um pun dobrote, Kristov um, on se neće prepirati niti vikati, i zgažene trske neće slomiti, stijenja što tek tinja utrnuti neće (Evanđelje po Mateju 12:19-20). Takva je osoba razapela grješnu narav zajedno s njezinim strastima i željama tako da može revno vršiti sve svoje dužnosti.

U njemu više nije preostalo nimalo „sebstva", nego samo srce Kristovo – srce duha – jer je od sebe odbacio sve ovosvjetovne stvari. On se ne brine za ovosvjetovnu čast, moć i bogatstvo.

Umjesto toga, njegovo se srce prelijeva nadom u vječnost: na koji način da uđe u kraljevstvo Božje i postigne Njegovu pravednost dok živi na ovome svijetu; kako da bude velik na nebesima i da ga ljubi Bog Otac; i kako da zauvijek živi sretno gomilajući velike nagrade na nebesima. Kao posljedica toga, on uspijeva vjerno vršiti sve svoje dužnosti jer iz dubine njegova srca teku samo revnost i iskrenost u nastojanju da uđe u kaljevstvo Božje i postigne Njegovu pravednost.

Mjera predanosti razlikuje se kod ljudi koji ulaze u kraljevstvo Božje i postižu Njegovu pravednost. Ako čovjek vrši samo zadaću koja mu je povjerena, to je puko ispunjavanje osobne odgovornosti.

Primjerice, kada zaposlite nekoga, dadnete mu plaću i kad on radi posao za koji je zaposlen i plaćen, ne kažemo da je on bio „vjeran u Božjem hramu", čak ni onda kada dobro obavi posao.

„Biti vjeran u Božjem hramu" znači da netko ne samo da dobro obavlja povjereni mu posao, nego da to nadmašuje ne štedeći svoju materijalnu imovinu i s iskrenošću koja nadmašuje jednostavno obavljanje povjerenog mu posla.

Stoga, ne mogu Vas priznati kao osobu „vjernu u Božjem hramu", čak ni ako ste od sebe odbacili grijehe u borbi protiv njih sve do prolijevanja krvi u velikoj ljubavi prema Bogu i vršili svoju dužnost u cijelosti posvećenog srca. Kao osobu „vjernu u Božjem hramu" mogu Vas priznati samo ako ste potpuno posvećeni i ako vršite svoju dužnost nadmašujući puku odgovornost s vjerom Kristovom, koji je poslušan sve do smrti.

Biti vjeran u Božjem hramu

Nalazite se na četvrtoj razini vjere ako ljubite Isusa Krista do najvišeg stupnja i ako imate duhovnu ljubav opisanu u Prvoj poslanici Korinćanima 13 i ako primite darove Duha Svetoga, kao što je to opisano u Poslanici Galaćanima 5. Povrh toga, uspjet ćete zadobiti Bogu milu vjeru ako zadobijete blaženstva iz Evanđelja po Mateju 5 i ako ste vjerni u Božjem hramu. Zato je tomu tako?

Ljubav kao dar Duha Svetoga i ljubav opisana u Prvoj poslanici Korinćanima 13 međusobno se razlikuju. Ljubav iz Prve poslanice Korinćanima 13 definicija je duhovne ljubavi, dok se ljubav kao dar Duha Svetoga odnosi na beskrajnu ljubav koja vrši Zakon.

Stoga, ljubav kao dar Duha Svetoga obuhvaća širi raspon od ljubavi opisane u Prvoj poslanici Korinćanima 13. Drugim riječima, kada se ljubav Isusa Krista, koji je izvršio Zakon ljubavlju na križu, doda ljubavi opisanoj u Prvoj poslanici Korinćanima 13, ona se može nazvati „ljubavlju kao darom Duha Svetoga".

Radost dolazi odozgor s duhovnom srećom i mirom jer iz Vas nestaju ovosvjetovne stvari u onoj mjeri u kojoj u Vama sazrijeva duhovna ljubav. Za Vas smisla ima jedino napuniti se radošću kada ste ispunjeni samo dobrom jer vidite, čujete i mislite samo dobro.

Nikoga ne mrzite jer u Vama nema mržnje. Iz Vas se prelijeva radost jer biste radije željeli služiti drugima, davati im dobre stvari i žrtvovati se za njih. Iako živite u ovome svijetu, ne tražite ovosvjetovne stvari u potrazi za vlastitim interesom; umjesto toga, ispunjeni ste nadom u nebo i mislite jedino o tome na koji način možete proširiti kraljevstvo Božje i Njegovu pravednost i omiljeti Mu spašavanjem što većeg broja ljudi. Možete živjeti u miru sa svojim susjedima jer uživate u istinskoj sreći i posjedujete mir u svome umu da se brinete o njima dokle god na Vas silazi radost.

Štoviše, uspijevate biti strpljivi zbog nade u nebo dokle god ste u miru s drugima. Prema drugima uspijevate biti ljubazni jer možete suosjećati s njima onoliko koliko ste strpljivi. Zadobivate dobrotu jer se nećete prepirati niti vikati, zgažene trske nećete slomiti, stijenja što tek tinja utrnuti nećete ako ste ljubazni. Ljudi koji imaju u sebi dobrotu mogu biti duhovno vjerni jer su već od sebe odbacili sebičnost.

Osim toga, mjera vjernosti razlikuje se kod onih koji su vjerni, ovisno o veličini srca svakog pojedinca. Što imate više blagosti, to ćete postići veću mjeru vjernosti. Možete vidjeti do koje je mjere netko blag ako je on vjeran u Božjem hramu. On vjerno vrši sve svoje dužnosti i kod kuće i na poslu, u odnosu s drugima i u crkvi. Zato je Mojsije, koji je bio najskromniji čovjek na zemlji, uspijevao biti vjeran u svakoj dužnosti koja mu je bila povjerena.

Nadalje, kako da budete savršeni bez samosvladavanja? Trebate biti vjerni u Božjem hramu sa samosvladavanjem jer bez njega nije moguće biti uravnotežen u svakom području. Stoga ne možete biti vjerni u Božjem hramu bez dara samosvladavanja čak ni onda kada ste primili ostalih osam darova Duha Svetoga.

Primjerice, recimo da se nakon sastanka svoje crkvene skupine nalazite s nekim prijateljem na nekom drugom mjestu. Bilo bi vrlo bezobrazno prema Vašem prijatelju kad biste odgodili ili promijenili vrijeme sastanka telefonom, i to ne zbog toga što se sastanak male skupine oduljio, nego zbog toga to ste se nakon sastanka zadržali kako biste brbljali s ljudima iz skupine. Isto tako, kako biste mogli biti vjerni u Božjem hramu ako ne možete održati malo obećanje ili ispuniti odgovornost poput te bez dara samosvladavanja? Morate shvatiti da ćete biti vjerni u Božjem hramu jedino ako je Vaš život uravnotežen s darom samosvladavanja.

Duhovna ljubav, dar Duha Svetoga i blaženstva

Blaženstva silaze na Vas u onoj mjeri u kojoj imate duhovnu ljubav i darove Duha Svetoga i provodite ih u praksi. Blaženstva se odnose na nečiji karakter kao posuda i uspjet ćete biti savršeno vjerni u Božjem hramu jedino kad blaženstva u cijelosti siđu na Vas i kad Vi budete djelovali i živjeli ono što njegujete u svojemu srcu.

Kroz veliki dio korejske povijesti vjerni kraljevi savjetnici pristupali su svakom vladinom problemu kao osobnom. Na taj način ti su savjetnici uspijevali služiti svojim kraljevima i pomagati im u donošenju ispravnih odluka, čak i kada je to podrazumijevalo velike osobne patnje ili čak smrt. Ne samo da su oni ljubili svoje kraljeve, nego su ljubili i cijelu državu kao što su ljubili sami sebe i ponašali su se u skladu s time.

S jedne strane, ti su vjerni savjetnici služili svojim kraljevima sve do kraja, čak i kad bi njihov vlastiti život bilo izložen pogibelji. S druge strane, kod nekih se savjetnika samo činilo da su vjerni svojim kraljevima, ali bi se povlačili i živjeli u izolaciji ako kralj ne bi poslušao njihov iskren i opetovani savjet i prijedlog. Međutim, pravi kraljevi savjetnici nisu se tako ponašali. Oni su bili vjerni kralju sve do kraja, čak i kad bi ih kralj ignorirao i odbijao njihove savjete. Njihov ih je kralj mogao odbiti, odbiti njihov savjet ili ih nečasno otpustiti bez ikakvog razloga. Pa ipak, oni to kralju nisu zamjerali i ne bi se predomislili čak ni ako bi im se prijetilo smrću.

Nečiji karakter kao posuda i karakter nečijeg srca

Kako bismo jasno razumjeli što to znači „biti vjeran u Božjem hramu", hajde da prvo usporedimo nečiji karakter kao posudu i karakter nečijeg srca.

Mjera nečijeg karaktera kao posude razlikuje se od osobe do osobe, ovisno o tomu koliko netko njeguje dobro u svojemu srcu ili koliko on nastoji pretvoriti svoje srce u blago srce. Stoga, nečiji karakter kao posuda određen je time radi li ta osoba ono što joj je rečeno i je li poslušna.

Pa koja je onda primjetna razlika u nečijem karakteru kao posudi? To ovisi o tomu na koji način i s kakvim srcem netko reagira na Riječ Božju i u kojoj mjeri on djeluje prema onomu što njeguje u svojemu srcu. Tako, onaj koji je dobra posuda čuva Riječ Božju i o njoj promišlja u dubini svojega srca, baš kao što je to činila i Marija: *„A Marija je čuvala sve te događaje u svom srcu i uspoređivala ih"* (Evanđelje po Luki 2:19).

Karakter nečijeg srca mijenja se ovisno o tomu u kojoj mjeri on širi svoj um vršenjem svojih dužnosti ili koliko se kompetentno on služi svojim umom u vršenju svoih dužnosti. Uz pomoć primjera različitih načina na koje ljudi reagiraju na istu situaciju klasificirat ću djela ljudi koja nastaju kao rezultat različitih karaktera srca u četiri kategorije.

Prva osoba čini više od onoga što joj je naređeno. Primjerice, kada roditelji svojem djetetu kažu da podigne smeće s poda, ono ne samo da očisti pod, nego i pobriše prašinu, očisti svaki kutak sobe i isprazni koš za smeće. Takvo dijete svojim roditeljima donosi radost i zadovoljstvo jer čini nešto što njegovi roditelji nisu očekivali od njega. Koliko će ga samo njegovi roditelji ljubiti? Takvi su bili đakoni Stjepan i Filip. Bili su toliko širokogrudni da su mogli činiti velika čudesa i znamenja među ljudima, kao što su ih činili apostoli (Djela apostolska 6).

Druga osoba pak čini samo ono što joj je naređeno. Primjerice, ako dijete samo podigne smeće s poda u skladu s naredbom svojih roditelja, njegovi će ga roditelji vjerojatno ljubiti jer ih sluša, ali možda im on neće biti mio.

Treća osoba ne čini ono što bi trebala. Ona je toliko mlakog srca i apatična da se naljuti čak i kad joj se kaže da nešto učini. Takvi ljudi, koji tvrde da ljube Boga, ali se ne mole niti se brinu za Isusovo stado, spadaju u ovu skupinu. Iz jedne od Isusovih usporedbi i svećenik i Levit koji su prošli pokraj oropljenog čovjeka s druge srane ulice također spadaju u ovu skupinu (Evanđelje po Luki 10). Budući da takvi ljudi nemaju ljubavi, moguće je da će oni činiti ono što je Bogu najmrže, primjerice biti bahati, počinjati preljub i izdavati Ga.

A posljednja osoba samo pogoršava sve i zapravo sprječava obavljanje neke zadaće. Za nju bi bilo bolje da niti ne započinje s obavljanjem te zadaće. Ako, na primjer, neko dijete razbije lonac za cvijeće jer se ljuti na svoje roditelje zato što su mu rekli da podigne smeće s poda, ono spada u tu skupinu.

Velikodušnost i vjernost u Božjem hramu

Kao što sam objasnio četiri kategorije nečijeg karaktera, tako se netko može smatrati velikom posudom kad vrši svoju dužnost i onkraj onoga što se od njega očekuje. A to je zato što nečija veličina kao posude ovisi o tomu u kojoj će mjeri on proširiti svoje obzore nadom i koliko iskreno se trudi. Svejedno je čini li nešto u crkvi, na poslu ili kod kuće. Stoga, kada se nekome povjeri neka zadaća, ako je on izvrši poslušno govoreći „Amen," može se smatrati velikom posudom. Nekoga se može smatrati veikodušnom osobom ne samo kada on posluša što mu je naređeno, nego i kada iskreno i širokih obzora postigne i nešto izvan očekivanja. U tom smislu biti vjeran u Božjem hramu odnosi se na mjeru velikodušnosti. Iskrenost varira ovisno o mjeri velikodušnosti.

Hajde da preispitamo neke ljude koji su bili vjerni u Božjem hramu. U Knjizi brojeva 12:7-8 shvaćate koliko je Bog ljubio Mojsija, koji je bio vjeran u Njegovom hramu. Ovi nam retci govore koliko je važno biti vjeran u Božjem hramu:

> *Ali nije tako sa slugom mojim Mojsijem. Od svih u kući mojoj najvjerniji je on. Iz usta u usta njemu ja govorim, očevidnošću, a ne zagonetkama, i lik Jahvin on smije gledati. Kako se onda niste bojali govoriti protiv sluge moga Mojsija?*

Ne samo da je Mojsije imao stalnu ljubav i nepokolebljivo srce prema Bogu, nego je isti taj stav zauzimao i prema svome narodu i svojoj obitelji, a i svoje je dužnosti vršio, a da se nikada nije predomišljao. Uvijek je uspijevao odabrati prvo vječne stvari Božje, ne svoju slavu i bogatstvo, a omilio Mu je i svojom vjerom. Bio je toliko odan da je čak Boga molio da spasi njegov narod makar on sam izgubio život kad su Izraelci zgriješili.

Kako je Mojsije reagirao kad je njegov narod načinio kip zlatnog teleta i klanjao mu se kad se on vratio s pločom s Deset zapovijedi Božjih nakon što je postio četrdeset dana? Većina bi ljudi u takvoj situaciji vjerojatno rekla: „Bože, više ih ne mogu podnijeti! Molim Te učini kako je volja Tvoja!"
Međutim, Mojsije je iskreno molio Boga da im oprosti njihove grijehe. Bio je spreman i voljan žrtvovati vlastiti život, kao vrstu odštete, iz dubine srca svojega u svojoj velikoj ljubavi prema njima.

Isto je tako bilo i s Abrahamom, praocem vjere. Kada je Bog planirao uništiti gradove Sodomu i Gomoru, Abraham nije mislio da se to njega ne tiče. Umjesto toga, Abraham je preklinjao Boga da spasi narod Sodome i Gomore: „*Možda ima pedeset nevinih u gradu. Zar ćeš uništiti mjesto radije nego ga poštedjeti zbog pedeset nevinih koji budu ondje?*" (Knjiga postanka 18:24)

Potom je molio Boga da se smiluje i da ne uništi te gradove ako se u njima nađe četrdeset i pet nevinih i tako je nastavio pitati Boga što će se dogoditi ako bude četrdeset, trideset i pet, trideset, dvadeset ili deset nevinih. Naposljetku, Abraham je primio konačni odgovor od Boga: „*Neću ga uništiti zbog njih deset*" (Knjiga postanka 18:32). Međutim, ta su dva grada ipak bila uništena jer se u njima nije našlo čak ni deset nevinih.

Osim toga, Abraham se odrekao svoga prava izbora u korist svojeg bratića Lota da odabere dobru zemlju kad ih zemlja u kojoj su živjeli više nije mogla izdržavati jer je imovina njih obojice u toj mjeri narasla. Lot je za sebe odabrao čitavu dolinu koja mu se činila dobrom i krenuo prema njoj.

Nakon izvjesnog vremena Sodoma i Gomora poražene su u ratu, a zarobljeni su brojni ljudi, uključujući i Lota, Abrahamova bratića. I tada, dovodeći vlastiti život u opasnost, Abraham je slijedio neprijatelja koji je vodio 318 zarobljenika, spasio Lota i ostale zarobljenike i ponovno vratio svoju imovinu.

U to je vrijeme kralj Sodome poželio dobrodošlicu Abrahamu i rekao mu: *„Meni daj ljude, a dobra uzmi sebi!"* (redak 21) Ali, Abraham nije uzeo ništa od tog plijena govoreći: *„Neću uzeti ni končića, ni remena od obuće, niti išta što je tvoje"* (redak 23). I uistinu je sva dobra vratio kralju Sodome (Knjiga postanka 14:1-24).

Slično tomu, Abraham je zauzeo nepokolebljivi stav kad god bi upoznao nekoga ili se udružio s bilo kime, ne nanoseći nikakve štete nikome i ne uznemirujući nikoga. Ne samo da je tješio ljude i pružao im užitak i nadu, nego ih je i iskreno ljubio i služio im.

Kako biti vjeran u Božjem hramu

Mojsije i Abraham bili su vrlo velikodušni ljudi, a bili su i iskreni, savršeni i istinoljubivi i nisu ništa zanemarivali. Što da učinite da biste bili vjerni u Božjem hramu?

Kao prvo, morate sve preispitati i držati se dobra, ne gaseći ognja Duha Svetoga i ne prezirući proročanstva. Drugim riječima, trebali biste vidjeti, čuti i misliti samo dobro, govoriti istinu i odlaziti samo na dobra mjesta.

Kao drugo, morate zanijekati i žrtvovati samoga sebe s duhovnom ljubavlju prema kraljevstvu Božjem i Njegovoj pravednosti. Da biste to učinili, morali biste razapeti grješnu narav s njezinim strastima i željama. Tada ćete moći odrediti prioritete u svojem životu i činiti ono što je Bogu milo kada budete željeli samo duhovno i ne budete navezani na ovosvjetovno.

Morate ozbiljno nastojati da zadobijete vjeru za ljubljenje Boga do najvišeg stupnja ako već stojite na stijeni vjere. Ako imate vjeru za ljubljenje Boga do najvišeg stupnja, onda morate brzo ući u dimenziju u kojoj možete omiljeti Bogu time što ćete biti vjerni u Njegovu hramu.

Imati Bogu milu vjeru može se usporediti s diplomiranjem na fakultetu ili s maturiranjem na srednjoj školi. Nakon diplome ili mature odlazite u svijet i uspijevati primijeniti ono što ste naučili u školi kako biste postali uspješni u ovome svijetu.

Slično tomu, kada dospijete na četvrtu razinu vjere, pred Vama će se otvoriti još dublje duhovno kraljevstvo jer je duhovno kraljevstvo beskrajno u svojoj dubini, duljini i visini.

A kada dospijete na petu razinu vjere, u izvjesnoj mjeri počinjete razumijevati Božje duboko i velikodušno srce. Moći ćete shvatiti kolika je Božja ljubav i koliko je Bog pun ljubavi, samilosti, oprosta, blagosti i dobrote. Također ćete uspjeti i doživjeti Njegovu veliku ljubav jer ćete osjećati kad Gospodin korača s Vama i briznut ćete u plač na samu pomisao na Gospodina.

Stoga biste trebali postati vrlo velikodušni s još više poslušnosti, predanosti i ljubavi, znajući da je velika razlika između četvrte i pete razine vjere u smislu duhovne ljubavi i požrtvovnosti. A nadam se da ćete od Boga dobiti sve s onom vjerom koja Mu je mila te da ćete biti dovoljno blagoslovljeni da očitujete i čnite čudesa i znamenja uz neprekidnu molitvu.

U Ime Isusa Krista molim da uživate u blagoslovima koje Vam je Bog pripravio!

9. poglavlje

Znamenja koja prate one koji budu povjerovali

1
Izgonjenje zlih duhova
2
Govorenje novim jezicima
3
Uzimanje zmija rukama
4
Ništa smrtonosno neće im nauditi
5
Na bolesnike će stavljati ruke i oni će ozdravljati

*„Ova će znamenja pratiti
one koji budu povjerovali:
mojim će Imenom izgoniti zle duhove;
govorit će novim jezicima;
zmije će uzimati rukama i,
ako popiju što smrtonosno,
doista im neće nauditi;
na bolesnike će stavljati ruke,
i oni će ozdravljati!"*
(Evanđelje po Marku 16:17-18)

U Bibliji vidimo kako je Isus činio brojna znamenja. Ta znamenja On je činio uz Božju snagu, koja seže onkraj onoga za što je čovjek sposoban. Koje je prvo znamenje koje je Isus učinio? To je pretvaranje vode u vino na svadbi u Kani Galilejskoj, kao što je opisano u Evanđelju po Ivanu 2:1-11. Kad je Isus saznao da nema više vina, zapovjedio je dvoriteljima da napune šest kamenih posuda do vrha vodom. Potom su zahvatili i odnijeli ravnatelju stola, a kad je ravnatelj stola okusio vodu pretvorenu u vino, hvalio je vino zbog dobrog okusa.

Zašto je Isus, Sin Božji, pretvorio vodu u vino kao prvo znamenje koje je učinio? Taj događaj ima čitav niz duhovnih posljedica. Kana Galilejska predstavlja ovaj svijet, a svadba predstavlja posljednje dane ovoga svijeta, u kojima će ljudi jesti i piti, ženiti se i udavati i potpuno pasti u opačine (Evanđelje po Mateju 24:37-38). Voda se odnosi na Riječ Božju, a vino na dragocjenu krv Isusa Krista.

Stoga, znamenje pretvaranja vode u vino znak je da će Isusova krv u trenutku Njegova raspeća biti krv koja čovječanstvu daje život vječni. Ljudi su hvalili vino zbog njegova dobrog okusa. A to znači da se ljudi raduju jer im se grijesi opraštaju kada piju Isusovu krv i tako zadobivaju nadu u nebo.

Počevši s tim prvim znamenjem, Isus je učinio brojna čudesna znamenja. Spasio je djevojčicu na umoru, nahranio pet tisuća ljudi s pet kruhova i dvije ribe, izgonio zle duhove, činio da slijepi progledaju i vratio Lazara, koji je bio mrtav već četiri dana, iz mrtvih.

Pa koji je onda konačni smisao tih Isusovih znamenja? Spasiti ljude i omogućiti im da povjeruju, kao što nam je rekao u Evanđelju po Ivanu 4:48: *„Ako ne vidite čudesnih znamenja, doista ne povjerujete".* I upravo nam zato, čak i danas, Bog, koji čak i jednu dušu smatra dragocjenijom od cijelog svemira, pokazuje brojna znamenja putem onih koji vjeruju i koji su spremni i vlastiti život dati za spasenje ljudi.

Hajde da sada u pojedinosti razmotrimo razna znamenja koja prate one koji imaju Bogu milu vjeru.

1. Izgonjenje zlih duhova

Biblija nam jasno govori o postojanju zlih duhova iako će mnogi danas reći: „Nema zlih duhova". Zli duhovi su protiv Boga. Oni, općenito gledano, iskušavaju ljude koji štuju kumire dovodeći ih u kušnje i probleme te ih takvi ljudi tada štuju još revnije.

Međutim, trebali biste ih izgnati i nadvladati ih ako imate istinsku vjeru jer nam i Isus govori: „Ova će znamenja pratiti one koji budu povjerovali: mojim će Imenom izgoniti zle duhove".

A i u Evanđelju po Ivanu 1:12 nalazimo ovo: *„A svima koji ga primiše, dade moć da postanu djeca Božja: onima koji vjeruju u Ime njegovo".* Koliko bi samo bilo sramotno kad biste se Vi, kao dijete Božje, bojali zlih duhova ili, umjesto toga, nasjeli na njihove trikove? Ponekad zli duhovi ometaju nove vjernike bez duhovne vjere kad se popenju na planinu da mole u izolaciji. A neke mogu čak i obuzeti zli duhovi jer mole za Božje darove i snagu, a ujedno se ne pokušavaju osloboditi svojih opačina. Stoga bi nove vjernike trebali pratiti duhovni vođe koji mogu izgoniti zle duhove u Ime Isusa Krista kad se žele popeti na planinu da mole, i tek tada će se oni moći moliti bez ikakva ometanja.

Izgonjenje zlih duhova u Ime Isusa Krista

Isto vrijedi i za svećenike i crkvene djelatnike kada idu u podjet članovima crkve. Prvo bi trebali izgnati zle duhove otkrivanjem duhovnih stvari, i tek će tada oni koji primaju posjet moći otvoriti svoja srca, primiti Božju milost i zadobiti vjeru putem njihove poruke. Međutim, moguće je da ometete taj posjet ako posjetite nekog člana crkve, a da prije toga niste izgnali neprijateljskog Sotonu. Možda će se dogoditi da član crkve kojega ste posjetili neće otvoriti svoje srce pa neće ni uspjeti primiti milost i zadobiti vjeru. Onaj čije se duhovne oči lako otvaraju zna razlikovati zle duhove. Neke su, pak, zli duhovi potpuno obuzeli, ali u većini slučajeva zli duhovi djelomice kontroliraju misli ljudi.

Oni postupaju protivno istini kada je Sotona na djelu u njihovim mislima jer im je vjera još uvijek slaba ili se u njima još uvijek nalaze ostaci grješne naravi, kao što su preljub, krađa, laž, zavist i ljubomora. Ljudska se srca mogu preobratiti kada čuju poruku svojega svećenika koji ima dovoljno duhovne snage da izgoni zle duhove u Ime Isusa Krsta.

Ljudi bi se tad pokajali u suzama jer bi bili duboko dirnuti u svojem srcu ili bi spoznali svoj grijeh dok svećenik naviješta poruku uz pomoć snage koju mu je Bog dao. Također bi im bila dana i jaka vjera i snaga da se bore protiv grijeha. Nakon nekoliko mjeseci oni bi primijetili koliko su se njihov karakter i vjera promijenili. Na isti način oni mogu promijeniti čak i svoju narav u istini.

U četiri evanđelja vidimo kako su se brojni ljudi preobrazili i u svojoj urođenoj naravi nakon što su upoznali Isusa. Primjerice, iako je apostol Ivan na početku bio toliko nagla naravi da su ga zvali sinom groma (Evanđelje po Marku 3:17), preobrazio se toliko da su ga zvali „apostol ljubavi" otkad je upoznao Isusa.

Slično tomu, čovjek s potpunom vjerom može mijenjati druge na način na koji je to činio i sam Isus. On također može izgoniti i zle duhove u Ime Isusa Krista jer ima snage da nadvlada neprijateljskog Sotonu.

Kako izgoniti zle duhove

Različiti su slučajevi izgonjenja zlih duhova. Ponekad će zao duh otići smjesta samo uz pomoć molitve, a ponekad Vas neće napustiti čak ni da se sto puta molite. Ako zao duh obuzme nekoga tko vjeruje jer mu je Bog okrenuo leđa nakon što Ga je ovaj razočarao na neki način, zlog duha u njemu lako bi se moglo izgnati kada primi molitvu nakon što se pokaje u suzama. A to je zato što on već vjeruje i poznaje Riječ Božju.

A u kojem je slučaju teško izgnati zle duhove čak i uz mnogo molitve? Onda kada vrlo zao duh obuzme nekoga tko ne vjeruje i koji nije spoznao istinu. U takvom slučaju njemu nije lako vjerovati dokle god je obuzet zlim duhom jer je zlo preduboko ukorijenjeno u njemu. Da bi ga se oslobodilo, netko mu mora pomoći da zadobije vjeru, spozna istinu, pokaje se i uništi zid grijeha.

Također, ako roditelji imaju problema sa životom u Kristu, i njihovo ljubljeno dijete moglo bi obuzeti zao duh. U takvom slučaju dijete se ne bi moglo osloboditi zlog duha sve dok se njegovi roditelji ne pokaju za svoje grijehe, ne zadobiju spasenje i ne budu čvrsto stajali na stijeni vjere.

A tu je i mogućnost da na Vas utječu sile tame. Možda ćete vidjeti kako netko tko vjeruje vodi život u agoniji jer mu je teško otvoriti svoje srce i jer ga ovosvjetovne misli, sumnja i umor sprječavaju u tomu da čuje poruku, čak ni onda kada se iskreno trudi.

To se može dogoditi zato što sile zla mogu djelovati u nečijoj obitelji ako su njegovi preci vjerno služili kumirima ili ako se njegovi roditelji bave crnom magijom ili štuju kumire. Unatoč tomu, zao duh će izići iz njega i on i njegova obitelj bit će spašeni kad se on preobrazi u dijete svjetla revnim slušanjem Riječi Božje i usrdnom molitvom.

Pa ipak, Bog toliko mrzi idolopoklonstvo da Boga i idolopoklonika dijeli debeli zid grijeha. Kao rezultat toga, on bi se trebao nastaviti boriti sam sa sobom i nastojati živjeti u istini sve dok ne sruši taj zid grijeha. Može ga se brzo osloboditi, ovisno o tomu koliko se usrdno moli i mijenja.

Iznimke u kojima zao duh ne odlazi

U kojim slučajevima zli duhovi ne odlaze čak ni ako im se to zapovjedi u Ime Isusa Krista?

Zli duhovi neće napustiti osobu koja je nekoć vjerovala u Gospodina, ali joj je savijest žigosana vrućim željezom nakon što je okrenula leđa Gospodinu. Ona se ne može vratiti Gospodinu čak ni ako to pokuša jer je njezinu dobru savijest u cijelosti zamijenila neistina.

I upravo zato u Prvoj Ivanovoj poslanici 5:16 stoji: *"Postoji grijeh koji vodi u smrt; za nj ne naređujem da zamoli"*. Drugim riječima, Bog mu neće odgovoriti čak ni ako moli.

Koji je to grijeh koji vodi u smrt? To je pogrda ili govor protiv Duha Svetoga. Onome koji počini takav grijeh ne može se oprostiti ni u ovom svijetu ni u budućem. Stoga, takav čovjek nikad neće moći biti spašen, čak ni ako neprestance moli.

U Evanđelju po Mateju 12:31 Isus nam govori da se pogrda protiv Duha neće oprostiti nikada. Pogrda protiv Duha znači ometanje djela Duha Svetoga zlim mislima, osuđivanjem i proklinjanjem po vlastitoj volji. Primjerice, pogrda je kada ljudi osuđuju crkvu u kojoj se očituju Božja djela nazivajući je „krivovjerstvom", kada lažno svjedoče i šire glasine o toj crkvi (Evanđelje po Marku 3:20-30).

A i u Evanđelju po Mateju 12:32 Isus nam govori: *"Tko god rekne riječ protiv Sina Čovječjega, može mu se oprostiti, ali tko rekne protiv Duha Svetoga, ne može mu se oprostiti ni u ovom svijetu ni u budućemu"*. A opet, u Evanđelju po Luki 12:10 Isus nas podsjeća: *"Tko god rekne izjavu protiv Sina Čovječjega, oprostit će mu se, ali tko izrekne pogrdu protiv*

Duha Svetoga, neće mu se oprostiti". Svakome tko rekne izjavu protiv Sina Čovječjega zato što Ga ne poznaje mogu se oprostiti grijesi. Međutim, onome koji rekne pogrdu ili izjavu protiv Duha Svetoga ne može se oprostiti i otići će na put smrti zato što ometa Božje djelo i pogrđuje Duha Svetoga, čak ni ako je već prihvatio Isusa Krista i primio Duha Svetoga. Stoga, ne biste smjeli počiniti grijeh pogrde Duha davanjem izjava protiv Duha Svetoga jer shvaćate da su ti grijesi preveliki da bi se za njih dobio oprost, a kamoli spasenje.

Poslanica Hebrejima 10:26 govori nam da ako drage volje griješimo pošto smo upoznali istinu, ne preostaje nam više žrtva za grijehe. A dobro znamo što je grijeh prema Riječi Božjoj i da ne bismo smjeli činiti opačine.

Međutim, ako netko počini grijeh namjerno i svjesno, onda njegova savjest postupno postaje neosjetljivom na grijehe i žigosanom vrućim željezom. Naposljetku će on biti proklet jer ne može primiti duha pokajanja.

Štoviše, zbilja je nemoguće one koji su jednom zauvijek prosvijetljeni, koji su okusili nebeski dar i koji su postali dionici Duha Svetoga, koji su okusili dobru riječ Božju i sile budućega svijeta, pa „ipak otpali", opet obnoviti za obraćenje jer ponovno samima sebi na štetu razapinju Sina Božjega i čine ga ruglom (Poslanica Hebrejima 6:4-6).

Takvim pojedincima, koji su postali dionicima Duha Svetoga, znaju za raj i pakao i poznaju Riječ Božju, a ipak ih ovaj svjet i dalje iskušava, otpadaju od Boga i Božju slavu čine ruglom, neće biti dana prilika za obraćenje.

Osim nekolicine gore spomenutih slučajeva, u kojima Bog ne može pomoći i okreće leđa takvim pojedincma, možete nadvladati neprijateljskog Sotonu i đavla. I upravo zato se zli duhovi ne mogu izgnati, osim ako im se to ne zapovjedi u Ime Isusa Krista.

Bez prestanka molite živeći u cijelosti u istini

U kakvoj će se agoniji Božji sluga ili djelatnik naći ako zli duhovi ne iziđu, čak ni kad im on ili ona to zapovjede u Ime Isusa Krista? Stoga, naravno da je potrebno da primite snagu kako biste nadvladali i kontrolirali neprijateljskog Sotonu i đavla. Da biste vršili znamenja koja prate one koji budu povjerovali, morate dospjeti u stanje udovoljavanja Bogu, ne samo poslušnošću u cijelosti i u istini s ljubavlju prema Bogu iz dubine svojega srca, nego i usrdnom i neprestanom molitvom.

Nedugo nakon što sam zasnovao svoju crkvu, jedan je mladić obuzet epilepsijom došao iz provincije Gang-won kako bi me upoznao nakon što je čuo vijesti o mojoj službi ozdravljanja. I premda je mislio da je dobro služio Bogu kao vjeroučitelj na nedjeljnom vjeronauku i kao član crkvenog zbora, nije se pokušavao osloboditi od grijeha, nego je, umjesto toga, i dalje počinjao grijehe jer je bio iznimno bahat. Kao rezultat toga, opaki zli duh ušao je u njegov prljavi um i on je strašno patio.

Djelo ozdravljenja očitovalo se zbog usrdne molitve njegova oca i posvećivanja te molitve njegovu sinu. Kad sam ustanovio identitet zlog duha i izgnao ga molitvom, mladić je u nesvijesti pao unatraške dok je smrdljiva pjena prekrila njegova usta. Mladić se vratio kući nakon što se oboružao Riječju Božjom u mojoj crkvi i postao novom osobom u Kristu. Kasnije sam čuo da je vjerno služio svojoj crkvi i davao svjedočanstva o svojem ozdravljenju. Osim toga, mnogi se danas oslobađaju od zlih duhova ili sila zla izvan granica vremena i prostora molitvom s rupčićem nad kojim sam ja molio.

Jednom su prilikom nekog mladića iz Ul-sana u provinciji Kyungnam žestoko prebili stariji učenici i njegovi prijatelji iz prvog razreda srednje škole jer je odbio pušiti s njima. Kao rezultat toga, mladić je patio od tjeskobe, na koncu ga je obuzeo zao duh i bio je hospitaliziran sedam mjeseci u psihijatrijskoj bolnici. Međutim, nakon što su molili za njega s rupčićem nad kojim sam ja molio, oslobodio se od zlog duha. Oporavio se i danas je dragocjeni djelatnik u svojoj crkvi.

Takva se djela događaju i u inozemstvu. Primjerice, u Pakistanu je neki laik bio četiri godine obuzet zlim duhom, ali se od njega oslobodio molitvom s rupčićem, primio je Duha Svetoga i dobio dar govorenja novim jezicima.

2. Govorenje novim jezicima

Drugo znamenje koje prati one koji budu povjerovali jest govorenje novim jezicima. Što zapravo znači govorenje novim jezicima?

U Prvoj poslanici Korinćanima 14:15 stoji: *„Molit ću duhom, ali molit ću i razumom; pjevat ću hvale duhom, ali pjevat ću ih i razumom".* Dakle, vidimo da se duh razlikuje od razuma. Pa koja je, onda, razlika između duha i razuma?

U svačijem srcu dvije su vrste razuma: razum istine i razum neistine. Razum istine je duh, bijeli razum. Razum neistine je tijelo, crni razum. Nakon što prihvatite Isusa Krista, Vaše se srce napunja duhom dokle god molite i odbacujete od sebe grijehe Riječju živoga Boga jer se u toj mjeri iskorjenjuje neistina.

Na koncu Vaše se srce, malo pomalo, napunja duhom, a da u njemu ne preostaje nikakva neistina kada dospijete na četvrtu razinu vjere na kojoj Boga ljubite do najvišeg stupnja. Nadalje, ako imate Bogu milu vjeru, Vaše je srce do kraja napunjeno duhom, a to se zove „cijeli duh". Na tom stupnju Vaš je razum duh, a duh je Vaš razum.

Govoriti novim jezicima

Kada se takav duh unutar Vas moli Bogu po nadahnuću Duha Svetoga, to se zove „molitva novim jezicima". Molitva novim jezicima razgovor je između Vas i Boga te je, stoga, iznimno korisna za Vaš život u Kristu jer je neprijateljski Sotona ne može čuti.

Dar govorenja novim jezicima općenito se daje djetetu Božjem kada se on ili ona usrdno mole u punini Duha Svetoga. Bog želi taj dar dati svoj svojoj djeci.

Kada se usrdno molite novim jezicima, moći ćete nesvjesno pjevati pjesme novim jezicima, plesati ili se čak kretati u ritmu po nadahnuću Duha Svetoga. Čak i onaj koji inače ne pjeva dobro može izvrsno pjevati, a onaj koji inače ne pleše dobro može plesati bolje od profesionalnog plesača jer tom osobom u cijelosti upravlja Duh Sveti.

Štoviše, govorenjem novim jezicima stječe se novo duhovno iskustvo kada se dospije dalje na dublju razinu. To se naziva „govorenje novim jezicima". Moći ćete govoriti novim jezicima čim budete molili novim jezicima na petoj razini vjere.

Dovoljno snažno da izgoni neprijateljskog Sotonu

Govorenje novim jezicima toliko je snažno da ga se neprijateljski Sotona boji i odlazi. Pretpostavimo da naiđete na provalnika koji Vas želi ubosti nožem. U tom trenutku Bog ga može natjerati da se predomisli ili poslati anđela da mu ukruti ruku ako molite novim jezicima.

Također, ako osjećate nelagodu ili biste se željeli moliti na svom putu ka nekom cilju, to je zato što Bog putem Duha Svetoga na to nadahnjuje Vaš razum; On već zna da Vas čeka nesreća.

Sukladno tomu, kada molite poslušni djelima Duha Svetoga, moći ćete spriječiti neočekivanu katastrofu ili nesreću jer Vas napušta neprijateljski đavao, a Bog Vas vodi da izbjegnete nesreću.

Stoga, govorenje novim jezicima Vas štiti i možete spriječiti kušnje i poteškoće kod kuće, na poslu ili bilo gdje drugdje, a da Vas pritom ne ometaju neprijateljski Sotona i đavao.

3. Uzimanje zmija rukama

Treće znamenje koje prati one koji budu povjerovali jest uzimanje zmija rukama. Na što se, onda, odnosi riječ „zmija"?

Pogledajmo Knjigu postanka 3:14-15:

Nato Jahve, Bog, reče zmiji: „Kad si to učinila, prokleta bila među svim životinjama i svom zvjeradi divljom! Po trbuhu svome puzat ćeš i zemlju jesti sveg života svog! Neprijateljstvo ja zamećem između tebe i žene, između roda tvojeg i roda njezina: on će ti glavu satirati, a ti ćeš mu vrebati petu".

To je prizor u kojemu zmija biva prokleta zato što je Evu dovela u iskušenje. Ovdje se „žena" duhovno odnosi na Izrael, a „rod njezin" na Isusa Krista. Dakle, ženin rod koji „[satire zmijinu] glavu" znači da će Isus Krist slomiti vlast smrti i neprijateljskog Sotone. Reći da će „mu zmija vrebati petu" predviđa kako će neprijateljski Sotona razapeti Isusa.

Također je očito da se riječ „zmija" odnosi na neprijateljskog Sotonu jer u Otkrivenju 12:9 stoji: „Bî zbačen veliki Zmaj, stara Zmija koja se zove đavao – Sotona, zavodnik cijeloga svijeta. Bî zbačen na zemlju i biše zbačeni s njime i njegovi anđeli".

Kao posljedica toga, „uzimanje zmija rukama" znači da ćete uspjeti prepoznati zavođenje neprijateljskog Sotone i uništiti ga u Ime Isusa Krista.

Razaranje Sotonine sinagoge

U Otkrivenju nalazimo sljedeće retke:

Znam tvoju nevolju i tvoje siromaštvo – ali, bogat si! – i grdnju koju su ti nanijeli oni koji tvrde da su Židovi, a nisu, nego Sotonina sinagoga (2:9).

Evo, nadodajem: članovi Sotonine sinagoge koji tvrde da su Židovi, a nisu, nego lažu – evo dovest ću ih da se poklone pred nogama tvojim i spoznaju da te ja ljubim (3:9).

Ovdje se riječ „Židovi", kao izabrani narod Božji, duhovno odnosi na sve one koji vjeruju u Boga. Oni „koji tvrde da su Židovi" odnosi se na one koji ometaju Božje djelovanje, koji ga osuđuju i klevećú tvrdeći da se Božje djelovanje ne slaže s njihovim mislima, a jedni druge mrze i mrmljaju zbog zavisti i ljubomore.

„Sotonina sinagoga" označava skupinu od dvoje ili više ljudi koji se okupljaju i govore loše i lažu o drugima te koji stvaraju probleme u crkvi. Mrmljanje malog broja ljudi zagađuje mnoge druge, a tada se konačno uspostavlja Sotonina sinagoga.

Naravno da se moraju prihvatiti konstruktivni prijedlozi za razvitak crkve. Međutim, ako se neki od članova crkve bore protiv sluge Božjega, dijele crkvu iz neutemeljenih razloga i tvore skupinu koja se protivi istini, to je Sotonina sinagoga.

I premda bi crkve trebale biti napunjene ljubavlju i svetošću i biti ujedinjene u istini, mnogo je crkava u kojima su se ohladile i molitva i ljubav, u kojima više nema duhovne obnove te, kao posljedica toga, kraljevstvo Božje nije čvrsto utvrđeno, a sve to zbog Sotonine sinagoge.

Međutim, Sotonina sinagoga ne može nadvladati kada je prepoznate Bogom milom vjerom na petoj razini vjere.

U mojoj crkvi nikada nije bilo Sotonine sinagoge još od osnutka. Naravno da je moguće da je nje bilo na početku moje službe zbog nekih čijim je mislima upravljao Sotona jer se članovi crkve još uvijek nisu bili oboružali istinom.

Međutim, Bog mi je dao da to u svakom trenutku spoznam i da ih porukama uništim. Na taj smo način pobijedili svaki pokušaj osnivanja Sotonine sinagoge. A danas članovi moje crkve uspijevaju jasno razlikovati istinu od neistine. Oni koji su se potajno ušuljali u crkvu kako bi osnovali Sotoninu sinagogu ili odlaze ili se preobrate jer neki od njih još uvijek imaju dobro srce. Slično tomu, Sotonina se sinagoga ne može ni osnovati ako se nitko s njom ne slaže.

4. Ništa smrtonosno neće im nauditi

Četvrto znamenje koje prate one koji budu povjerovali jest da, ako popiju što smrtonosno, uistinu im neće nauditi. Što to, točno, znači?

U Djelima apostolskim 28:1-6 opisan je događaj u kojemu je apostola Pavla ugrizla zmija na otoku Malti. Urođenici su očekivali da će oteći ili odmah pasti mrtav, ali se njemu nije dogodilo nikakvo zlo. Pošto su dugo čekali te vidjeli da mu se nije dogodilo nikakvo zlo, urođenici promijeniše mišljenje i rekoše da je bog (redak 6). A to je bilo moguće zato što je Pavao imao savršenu vjeru pa mu čak ni zmijin otrov nije mogao nauditi.

Čak ni ako Vas ugrize zmija

Oni sa savršenom vjerom neće se razboljeti niti zaraziti nikakvim bacilima, virusima ili otrovom, čak ni ako ga slučajno popiju, jer Bog spaljuje taj otrov ognjem Duha Svetoga.

Međutim, ako ga namjerno popiju, ne može ih se zaštititi jer to znači da su namjeravali iskušavati Boga. A On ne prihvaća da Ga bilo tko iskušava, osim radi desetine prihoda. Pa ipak, moguće je da u sebe unesete otrov trovanjem hranom koju Vam je netko namjerno pripremio da Vam naudi.

Čak štoviše, suprug može supruzi dati da popije tabletu za spavanje kako bi je iskušao ili drogirati nekoga kako bi ga oteo ili od njega ukrao novac. Čak i u takvim situacijama onaj sa savršenom vjerom bit će zaštićen i neće mu to nauditi jer će te otrove neutralizirati oganj Duha Svetoga.

Oganj Duha Svetoga spaljuje svaki otrov

Potkraj moje treće godine u teološkom sjemeništu osjetio sam oštru bol u trbuhu nakon što sam popio napitak dok sam se pripremao za svoju prvu duhovnu obnovu. Osjetio sam olakšanje kad sam stavio ruke na trbuh i imao proljev. Nisam znao da je napitak sadržavao otrov sve do sljedećeg dana.

Jednom sam prilikom ostao da se molim u Jochiwonu u provinciji Choongchung. U blizini mjesta gdje sam odsjeo nalazilo se sveučilište i često su se održavali studentski prosvjedi, a policija je koristila suzavac kako bi obuzdala studente. Čak iako su oni oko mene jedva disali, ja nisam imao nikakvih poteškoća.

Na samom početku moje službe moja je obitelj živjela u podrumu crkvene zgrade. U to je vrijeme korejski narod upotrebljavao brikete za grijanje. Moja je obitelj puno toga pretrpjela znog ugljikova monoksida, posebice za oblačnih dana zbog nedostatne cirkulacije zraka. Pa ipak, ja se nikad nisam otrovao tim otrovnim plinom. Duh Sveti smjesta rastvara svaki otrov, čak i ako ga unesete u sebe, ako imate Bogu milu vjeru jer se Duh Sveti u svoj svojoj punini kreće unutar i oko Vašeg tijela.

5. Na bolesnike će stavljati ruke i oni će ozdravljati

Peto znamenje koje prati one koji budu povjerovali jest to da će stavljati ruke na bolesnike i oni će ozdravljati. Zahvaljujući Božjoj milosti to me znamenje pratilo čak i prije nego što sam započeo svoju službu kao svećenik. Nakon što sam osnovao svoju crkvu, ozdravili su bezbrojni ljudi i veličali su Boga.

A danas, budući da ne mogu staviti ruke na svakog člana svoje crkve, samo molim za bolesne s propovjedaonice. Međutim, putem te molitve mnogi bolesnici su ozdravili a tegobe su nestale.

Osim toga, tijekom godišnje dvotjedne duhovne obnove, koju smo održavali u svibnju svake godine sve do 2004., bolesnici su ozdravljali od raznih bolesti, kao što su leukemija, paraliza i tumori. Nadalje, slijepi su progledali, gluhi su čuli, a hromi prohodali. Tim čudesnim djelima Božjim bezbrojno je mmnoštvo ljudi upoznalo živoga Boga.

Ali, zašto još uvijek ima onih čije molitve ne mogu biti uslišane čak ni usred ognjenih djela Duha Svetoga, koji spaljuje bacile i ozdravlja bolesne te olakšava tegobe?

Kao prvo, moramo imati na umu da, kada netko tko ne vjeruje primi molitvu, on ne može ozdraviti. Pa i dolikuje se da njegove molitve ne budu uslišane ako on sam ne vjeruje jer Bog djeluje u skladu s vjerom svakog pojedinca. Kao drugo, ne može ozdraviti ni onaj koji vjeruje, ali koji ima zid grijeha. U tom slučaju on može ozdraviti kada primi molitvu, ali tek nakon što se preobrati, odbaci svoje grijehe i vrati se Bogu.

I još nešto morate znati: čak ni ako netko ozdravi bolesnika molitvom, ne možete smatrati da je on dospio na petu razinu vjere. Ljude možete ozdravljati ako imate dar ozdravljenja, čak i ako se nalazite tek na trećoj razini vjere.

Nadalje, ljudi na drugoj razini vjere često ozdravljaju bolesnike molitvom ako su napunjeni Duhom Svetim jer nakratko uđu na četvrtu ili petu razinu vjere. Osim toga, molitva pravednika ili molitva s ljubavlju toliko je snažna i učinkovita da se putem nje mogu očitovati Božja djela (Jakovljeva poslanica 5:16).

Istodobno ipak postoje ograničenja takvih slučajeva. Bolesti prouzročene bacilima ili virusima, kao što su lake bolesti, tumori i trovanje mogu se izliječiti, ali ne mogu se postići ona velika djela Božja, kao što je da hromi prohodaju ili da slijepi progledaju.

Čak ni kada su zli duhovi izgnani molitvom ljubavi ili darom ozdravljenja, vrlo je vjerojatno da će se ti zli duhovi nakon nekog vremena ponovno vratiti. Pa ipak, kada netko na petoj razini vjere izgoni zle duhove, oni se ne mogu vratiti.

Sukladno tomu, kaže se da se nalazite na petoj razini vjere tek ako možete činiti svih tih pet znamenja. Nadalje, na toj razini vjere možete manifestirati znatno veću vlast, snagu i darove Duha Svetoga.

Danas, kad su mnogi potpuno okaljani zlom i grijehom, velika je vjerojatnost da će oni vjerovati tek kad vide više čudesnih znamenja i čudesa nego ljudi u Isusovo doba.

I upravo zato Bog želi da Njegova djeca ne samo zadobiju duhovnu i potpunu vjeru, nego i da manifestiraju znamenja koja prate one koji budu povjerovali kako bi oni brojne druge odveli na put spasenja.

Morate nastojati primiti jakost, vlast i snagu, znajući da možete činiti sve što je i Isus činio, pa čak i veća djela od Njegovih ako imate Bogu milu Kristovu vjeru.

U Ime Isusa Krista molim da u velikoj mjeri proširite kraljevstvo Božje i postignete Njegovu pravednost s tom vrstom vjere čim za to budete spremni i da zauvijek sijate na nebu poput sunca!

10. poglavlje

Različiti stanovi i vijenci na nebesima

1
Raj se zadobiva samo vjerom

2
Navala na kraljevstvo nebesko

3
Različiti stanovi i vijenci na nebesima

„Neka se ne uznemiruje vaše srce!
Vjerujte u Boga i u me vjerujte!
U kući Oca mojega ima mnogo stanova.
Inače, zar bih vam rekao:
Idem da vam pripravim mjesto!
Kad odem da vam pripravim mjesto,
vratit ću se da vas uzmem k sebi,
i da vi budete gdje sam ja".
(Evanđelje po Ivanu 14:1-3)

Za sportaša koji sudjeluje na olimpijskim igrama dobivanje zlatne medalje mora da je iznimno dirljiv trenutak. On ne može dobiti zlatnu medalju slučajno, nego tek nakon višegodišnjeg napornog treniranja s ciljem poboljšanja svojih vještina i suzdržavanjem od svojih hobija ili omiljene hrane. A sav taj naporni trening on uspijeva izdržati jer ima snažnu želju da dobije zlatnu medalju i jer zna da će njegovi napori biti itekako nagrađeni.

Isto je tako i s nama kršćanima. U duhovnoj utrci za kraljevstvo nebesko moramo voditi borbu za vjeru, mučiti svoja tijela i učiniti ih robovima kako bismo završili kao pobjednici i dobitnici konačne nagrade. Ljudi na ovome svijetu silno se trude dobiti ovosvjetovne nagrade i slavu. Pa što biste, onda, trebali činiti da dobijete nagrade i slavu u vječnom kraljevstvu nebeskom?

U Svetom pismu, u Prvoj poslanici Korinćanima 9:24-25 stoji: *„Ne znate li da u trkalištu, doduše, svi trkači trče, a da samo jedan dobiva nagradu! Tako trčite da je dobijete! Svaki se natjecatelj uzdržava u svemu. Oni to čine da dobiju raspadljiv vijenac, a mi neraspadljiv".*

Ovaj nas odlomak potiče da se suzdržavamo u svemu i da trčimo bez odustajanja, čeznući za slavom u kojom ćemo vrlo skoro uživati.

Preispitajmo u pojedinosti na koji način možemo dospjeti u

nebesko kraljevstvo slave i kako dobiti bolji stan na nebesima.

1. Raj se zadobiva samo vjerom

Ima mnogo onih koji, čak i ako imaju čast i moć, bogatstvo i prosperitet, ali i poprilično veliko znanje, ipak ne znaju kako je postao čovjek, za što živi i kamo odlazi. Oni jednostavno misle da od rođenja ljudi jedu, piju, idu u školu, rade, žene se i udaju i žive sve dok se ponovno ne pretvore u šačicu praha poslije smrti.

Međutim, Božji ljudi koji prihvaćaju Isusa Krista ne razmišljaju na takav način. Oni znaju da je njihov pravi Otac koji im daje život sâm Bog, i to zato što vjeruju da je On stvorio prvog čovjeka Adama i podario mu potomstvo dajući mu sjeme života. I zato oni žive da bi veličali Boga, bilo da jedu, piju ili bilo što drugo čine jer znaju zašto je Bog stvorio ljude i dopustio im da žive na ovome svijetu. Oni također žive po Božjoj volji jer znaju kako će biti spašeni, uzići u kraljevstvo nebesko i imati život vječni ili kako mogu biti kažnjeni u vječnoj vatri pakla.

Oni koji vjeruju djeca su Božja i njihovo je državljanstvo na nebesima. On želi da oni saznaju što više o kraljevstvu nebeskom i da se napune nadom za svoj dom jer, što više ljudi bude znalo više o kraljevstvu nebeskom, to će oni aktivnije moći življeti ovaj život s vjerom.

Na nebo možete dospjeti jedino vjerom, dakle, ondje će završiti samo oni koje spasi njihova vjera. Čak ni ako imate velike svote novca i svu čast i moć, ne možete dospjeti ondje vlastitim naporima. Samo oni koji imaju pravo djece Božje jer su prihvatili Isusa Krista i jer žive po Njegovoj Riječi mogu dospjeti na nebo i uživati u životu vječnom i blagoslovima.

Spasenje u doba Starog zavjeta

Znači li to da oni koji ništa ne znaju o Isusu ne mogu biti spašeni? Ne, tomu ipak nije tako. Kako je doba Starog zavjeta bilo doba Zakona, ljudi su zadobivali spasenje ovisno o tome jesu li ili nisu živjeli u skladu sa Zakonom, Riječju Božjom. Međutim, u doba Novog zavjeta, nakon što je na ovaj svijet došao Ivan Krstitelj da svjedoči za Isusa Krista, ljudi bivaju spašeni po vjeri u Isusa Krista.

Čak i danas ima onih koji nisu prihvatili Isusa Krista jer još uvijek nisu imali prilike ništa čuti o Njemu. Takvim će se ljudima suditi prema njihovoj savjesti (više o tomu naći ćete u knjizi Poruka Križa). Čini se da danas mnogi pogrešno tumače Božju volju u području spasenja. Oni ne razumiju da mogu biti spašeni jedino ako priznaju svoju vjeru ustima i ako kažu: „Vjerujem u Isusa Krista kao svojega Spasitelja" jer im je u doba Novog zavjeta Bog dao milost spasenja putem Isusa Krista. Ti ljudi misle da ne moraju nastojati živjeti po Njegovoj Riječi i da počinjanje grijeha uistinu nije tako velik problem, ali tu su apsolutno u krivu.

Pa što, onda, uistinu znači biti spašen prema djelima u doba Starog zavjeta ili biti spašen prema vjeri u doba Novog zavjeta?

Isus nije sišao na ovaj svijet da bi spasio one koji ne žive po Riječi Božjoj; On je sišao na ovaj svijet da povede ljude da žive po Riječi Božjoj, ne samo po svojim djelima, nego i u svojim srcima.

I zato nam Isus u Evanđelju po Mateju 5:17 kaže: „*Ne pomislite da sam došao ukinuti Zakon ili Proroke! Ne dođoh* da ih ukinem, već da ih ispunim". On nas također podsjeća da ako netko počini grijeh u svojem srcu, već se smatra da je počinio grijeh: „Čuli ste da je bilo rečeno starima: Ne čini preljuba! A ja vam kažem: Svatko tko pogleda ženu žudeći je, već je s njom učinio preljub u svom srcu" (Evanđelje po Mateju 5:27-28).

Spasenje u doba Novog zavjeta

Za vrijeme Starog zavjeta, čak ni ako bi tko počinio preljub u svom srcu, nije se smatralo da je zgriješio osim ako nije zgriješio djelom. Smatralo ga se grješnikom tek kad bi počinio preljub djelom. Kao rezultat toga, ljudi bi ga nasmrt kamenovali tek kad bi djelom počinio preljub (Ponovljeni zakon 22:21-24). Isto tako, za vrijeme Starog zavjeta, kad bi netko bio opak i zao u srcu, namjeravao u svom srcu ubiti nekoga ili ukrasti nešto, ali ne bi manifestirao tu namjeru djelom, ipak je mogao biti spašen jer se nije smatralo da je zgriješio.

Hajde da se pozabavimo Prvom Ivanovom poslanicom 3:15 da razumijemo što znači biti spašen prema vjeri u vrijeme Novog zavjeta: „Tko god mrzi svoga brata, ubojica je; a znate da ni jedan ubojica nema života vječnoga, koji ostaje u njemu".

U doba Novog zavjeta, čak i ako netko ne zgriješi djelom, ipak ne može biti spašen ako zgriješi u svojem srcu jer je to jednako griješenju djelom.

Stoga, u vrijeme Novog zavjeta, ako bilo tko ima makar i samo namjeru da nešto ukrade, on je već lopov; ako netko pogleda ženu žudeći je, on je već preljubnik; i ako netko mrzi svoga brata i ima ga namjeru ubiti, nije ništa bolji od ubojice. Znajući to, morate zadobiti spasenje pokazivanjem Bogu svoje vjere u djelima, ne griješeći u svom srcu.

Odbacite djela i želje grješne naravi

U Bibliji često nailazimo na pojmove kao što su „grješna narav", „tijelo", „ovosvjetovno", „djela tijela", „tijelo grijeha" i tako dalje. Unatoč tomu, vrlo je teško pronaći nekoga tko zna pravo značenje tih pojmova, čak i među vjernicima.

Prema rječniku nema razlke u značenju između „mesa" i „tijela", ali prema Bibliji ta dva pojma ipak imaju različito duhovno značenje. Kako biste spoznali duhovno značenje tih pojmova, prvo morate poznavati proces kojim se grijeh nastanio u čovjeku.

Prvi čovjek kao živi duh bio je duhovna osoba bez ikakve neistine u sebi jer ga je Bog podučio samo znanju života. No, postao je smrtan kada je počinio grijeh neposluha kušajući od ploda sa stabla spoznaje dobra i zla jer u svojem umu nije poštivao zapovijed Božju (Poslanica Rimljanima 6:23).

Kad je umro duh, koji je igrao ulogu njegova gospodara, Adam više nije mogao razgovarati s Bogom. Osim toga, on se kao stvorenje morao bojati Boga Stvoritelja i poštivati Njegovu zapovijed, ali on na takav način nije mogao izvršiti čak ni sve čovjekove dužnosti. Izgnan je iz Edenskog vrta i morao je živjeti na ovome svijetu, trpjeti suze, boli, patnje, bolesti i smrt. I on i njegovi potomci počeli su počinjati grijehe dok su postupno postajali sve opakiji, naraštaj za naraštajem.

U tom procesu kaljanja grijehom, kad je čovjeku oduzeto znanje života koje mu je prvotno darovao Bog, to stanje nazivamo „tijelom", a kad se grješni atributi spoje s tim „tijelom", to nazivamo „mesom".

Dakle, „meso" je izvedeni pojam koji se odnosi na nevidljive, ali latentne atribute u nečijem srcu, koji se mogu razviti u djela čak i kada ih uistinu ne počinimo djelom. Štoviše, kada podijelimo i kategoriziramo meso u detaljne atribute, nazivamo ih „želje tijela".

Primjerice, osobine poput zavisti, ljubomore i mržnje nevidljive su, ali se u svakom trenutku mogu očitovati u djelu dokle god prebivaju u Vašem srcu. I zato ih Bog i smatra grijesima.

Dakle, ako se ne riješite želja tijela, one se manifestiraju i u djelu, a kad se želje tijela manifestiraju u djelu, nazivamo ih „djelima tijela". Za razliku od toga, kada se detaljna djela grješne naravi spoje, nazivamo ih „tijelom".

Drugim riječima, kada tijelo detaljno podijelimo na djela, nazivamo ih „djelima tijela". Ako imate namjeru pretući nekoga, ta vrsta srca spada u „želje tijela", a ako uistinu pretučete nekoga, to je „djelo tijela".

Koje je duhovno značenje pojma „tijelo", kao što je definiran u Knjizi postanka 6:3?

> *Onda Jahve reče: „Neće moj duh u čovjeku ostati dovijeka; čovjek je tjelesan".*

Ovaj nas redak podsjeća da Bog ne želi dovijeka ostati u onima koji ne žive po Njegovoj Riječi, nego počinjaju grijehe i postaju „tjelesni".

Međutim, Biblija nam govori da je Bog u svakom trenutku

bio u duhovnim ljudima, kao što su Abraham, Mojsije, Ilija, Noa i Daniel, koji su tražili samo istinu i živjeli po Riječi Božjoj. Dakle, znajući da tjelesni ljudi koji ne žive po Riječi Božjoj ne mogu biti spašeni, morate nastojati brzo odbaciti od sebe ne samo djela tijela, nego i želje tijela.

Tjelesni ljudi neće baštiniti kraljevstvo Božje

Budući da je Bog čista ljubav, On nam daje pravo da postanemo Njegovom djecom i daje Duha Svetoga na dar onima koji shvate da su grješnici, koji se pokaju za svoje grijehe i prihvate Isusa Krista kao svoga Spasitelja. Kada primite na dar Duha Svetoga i kad se u Vama rodi duh po Duhu Svetomu, oživljava se Vaš mrtvi duh.

Stoga, možete zadobiti spasenje i imati život vječni jer više niste čovjek od tijela, nego čovjek od duha. Međutim, ako nastavite i dalje činiti djela tijela, nećete biti spašeni jer Bog neće biti u Vama.

Djela tijela u pojedinosti su definirana u Poslanici Galaćanima 5:19-21:

> *Prepoznatljiva su djela tijela. To su: bludnost, nečistoća, raspuštenost, idolopoklonstvo, vračanje, neprijateljstva, svađa, ljubomora, srdžbe, sebičnosti, razdori, strančarenja, zavisti, pijanstva, razuzdane gozbe i tomu slično. Ponavljam vam što sam vam već prije kazao: oni koji čine takvo nešto, neće baštiniti kraljevstva Božjega.*

A u Evanđelju po Mateju 7:21 Isus nam govori: *„Neće svaki koji mi govori: ,Gospodine, Gospodine!' ući u kraljevstvo nebesko, nego onaj koji vrši volju moga nebeskog Oca".*

Nadalje, govoreći nam uvijek iznova u Bibliji da nepravednici koji ne žive po Njegovoj volji, nego počinjaju djela tijela ne mogu ući u nebo, i da Bog želi da svi zadobiju spasenje samo prema vjeri i da uđu u nebo.

Ako želite zadobiti spasenje prema vjeri

U Poslanici Rimljanima 10:9-10 stoji: *„Ako, naime, ustima svojim priznaš: „Isus je Gospodin",* a u srcu svojemu povjeruješ: „Bog ga je uskrisio od mrtvih", bit ćeš spašen. Tko, naime, srcem vjeruje, a ustima priznaje, postići će pravednost i spasenje".

Vrsta vjere koju Bog želi je ona vjera pomoću koje vjerujete u svojem srcu i priznajete svojim ustima. Drugim riječima, ako uistinu u srcu vjerujete da je Isus postao Vašim Spasiteljem time što je uskrsnuo treći dan po raspeću, postići ćete pravednost odbacivanjem grijeha od sebe i živeći po Riječi Božjoj. Kada priznajete svojim ustima dok živite na takav način po Njegovoj volji, možete biti spašeni jer je Vaše priznanje istinito.

I zato u Poslanici Rimljanima 2:13 stoji: *„Nisu, naime, pred Bogom pravedni oni koji slušaju Zakon, nego će oni biti priznati pravednima koji vrše Zakon".* A Sveto pismo nam u Jakovljevoj poslanici 2:26 govori i ovo: *„Jer, kao što je tijelo mrtvo bez duha, tako je i vjera mrtva bez djelâ ".*

Vjeru možete pokazati djelima jedino ako u svome srcu vjerujete u Riječ Božju, a ne kad je samo pohranite tek kao dio znanja. Kad se znanje usadi u Vašem srcu, uslijedit će i djela. Dakle, ako ste ranije mrzili, možete se preobraziti u onoga koji ljubi druge. Ako ste bili lopov, možete se preobraziti u onoga koji više ne krade. Ako još uvijek živite u tami s ljubavlju prema ovome svijetu i svoju vjeru priznajete jedino svojim ustima, Vaša je vjera mrtva jer nema nikakve poveznice sa spasenjem.

Također je zapisano u Prvoj Ivanovoj poslanici 1:7: *„Ali, kad god u svjetlu živimo, kao što je on u svjetlu, u zajedništvu smo jedni s drugima, i krv nas njegova Sina, Isusa, čisti od svakoga grijeha".*

Međutim, kad je u Vama istina, naravno da živite u svjetlu jer živite u istini. Postajete pravedni zahvaljujući vjeri u svome srcu dok izlazite iz tame i ulazite u svjetlo odbacujući grijehe od sebe. Za razliku od toga, lažete Bogu ako još uvijek živite u tami i počinjate grijehe i zlodjela. Stoga biste morali brzo zadobiti vjeru koju prate djela.

Trebate živjeti u svjetlu

Bog nam zapovijeda da se borimo protiv grijeha sve do prolijevanja krvi (Poslanica Hebrejima 12:4) jer On želi da i mi budemo savršeni kao što je On savršen (Evanđelje po Mateju 5:48) i svet kao što je On svet (Prva Petrova poslanica 1:16).

U doba Starog zavjeta ljudi su bivali spašeni jedino ako su im djela bila savršena; oni nisu morali u svojim srcima od sebe odbaciti grijehe jer je ljudima, kao živim bićima, bilo nemoguće osloboditi se svojih grijeha vlastitom snagom.

Kad biste mogli sami od sebe odbaciti svoje grijehe, Isus ne bi morao sići na zemlju u tijelu. Međutim, budući da Vi sami ne možete riješiti problem grijeha niti biti spašeni vlastitom snagom i moći, Isus je bio razapet i On svakome koji vjeruje na dar daje Duha Svetoga i vodi ga k spasenju.

Na taj način možete se osloboditi svakoga zla uz pomoć Duha Svetoga i sudjelovati u božanskoj naravi jer Vam Duh Sveti, kada jednom uđe u Vaše srce, posvješćuje grijehe, pravednost i prosudbu.

Stoga se ne biste smjeli zadovoljiti samo time što ste prihvatili Isusa Krista, nego biste se, umjesto toga, trebali usrdno moliti, odbaciti od sebe svaku vrstu zloga i živjeti u svjetlu uz pomoć Duha Svetoga sve dok ne budete mogli sudelovati u božanskoj naravi.

Jedini način na koji možete dospjeti na nebo jest imati duhovnu vjeru koju prate djela, kao što stoji u Evanđelju po Mateju 7:21: „*Neće svaki koji mi govori: ‚Gospodine, Gospodine!' ući u kraljevstvo nebesko, nego onaj koji vrši volju moga nebeskog Oca*". Također morate dati sve od sebe da postignete mjeru vjere otaca jer će Vam stanovi na nebesima biti dodijeljeni već prema mjeri vjere svake osobe.

Nadam se da ćete sudjelovati u božanskoj naravi i dospjeti u Novi Jeruzalem u kojemu se nalazi Božje prijestolje.

2. Navala na kraljevstvo nebesko

Bog nam daje da žanjemo kako smo i sijali i nagrađuje nas prema našim djelima jer je On pravedan. Tako se, čak i na nebu, svaka osoba nagrađuje različitim nebeskim stanom, već prema njezinoj mjeri vjere i svakoj se osobi daje drukčija nagrada, ovisno o tomu koliko ona služi kraljevstvu Božjem i koliko mu se predaje. Bog, koji je bezrezervno žrtvovao čak i svojeg Sina Jedinorođenca da bismo mi dospjeli na nebo i imali život vječni, jedva čeka da Njegova djeca uđu u nebo i zauvijek žive s Njim u najboljem nebeskom stanu unutar neba, Novom Jeruzalemu.

Tijekom čitave svjetske povijesti, općenito gledano, nadmoćni narodi vodili su ratove protiv relativno slabijih naroda i tako su širili svoj teritorij. Da bi osvojio teritorij drugog naroda, taj je narod morao napasti drugi narod i poraziti ga u ratu.

Isto tako, ako ste dijete Božje i državljanin nebesa, morate napredovati prema nebu s usrdnom nadom jer mnogo toga znate o njemu. Možda će se neki pitati kako se uopće usudimo napredovati prema nebu, gdje je kraljevstvo Boga Svemogućega. Stoga prvo moramo razumjeti duhovno značenje pojma „navala na kraljevstvo nebesko", a onda i to kako ga silovito prisvojiti.

Od vremena Ivana Krstitelja

U Evanđelju po Mateju 11:12 Isus nam govori: *„Od vremena Ivana Krstielja do sada navala je na kraljevstvo nebesko i siloviti ga prisvajaju".* Dani prije Ivana Krstitelja odnose se na dane Zakona, kada su ljudi bivali spašavani prema svojim djelima.

Stari zavjet tek je sjena Novog zavjeta; proroci su ljudima prorokovali o Jehovinim svjedocima i o Mesiji. Međutim, od dana Ivana Krstitelja otvorilo se novo doba Novog zavjeta, naime Novog obećanja, i tako je okončalo proročanstva Starog zavjeta.

Naš Spasitelj Isus pojavio se na sceni povijesti čovječanstva ne kao sjena, nego kao sâmo živo biće. Ivan Krstitelj počeo je svjedočiti za Isusa koji je sišao na zemlju na taj način. Otada je počelo doba milosti u kojemu svatko može zadobiti spasenje ako prizna Isusa kao svojega Spasitelja i ako potom primi Duha Svetoga.

Svi koji priznaju Isusa Krista i vjeruju u Njegovo Ime dobivaju pravo da postanu djecom Božjom i da uđu u nebo. Međutim, Bog je podijelio nebo na nekoliko nebeskih stanova i svakome svojemu djetetu daje određeni nebeski stan, ovisno o njegovoj ili njezinoj vlastitoj mjeri vjere jer je Bog pravedan i daje plaću svakomu pojedinomu već prema njegovim djelima. Nadalje, samo oni koji su u cijelosti posvećeni življenjem po Riječi Božjoj i koji su u potpunosti ostvarili svoje poslanje mogu ući u Novi Jeruzalem u kojemu se nalazi Božje prijestolje.

Stoga morate biti siloviti da biste zadobili što bolji stan na nebesima jer ćete ući u drukčiji nebeski stan, već prema mjeri svoje vjere, iako se sami ulazak u nebo zadobiva vjerom.

Od dana Ivana Krstitelja do Drugog dolaska našeg Gospodina tko god napredje prema nebu, prisvojit će ga. U Evanđelju po Ivanu 14:6 Isus nam govori: *„Ja sam Put, i Istina i Život – odgovori mu Isus. – Nitko ne dolazi k Ocu osim po meni"*.

Gospodin nam govori da nitko ne dolazi Ocu osim po Njemu jer je On Put koji vodi u nebo, sâma Istina i Život. Iz tog je razloga On i sišao na ovaj svijet u tijelu, svjedočio za Boga kako bismo jasno spoznali Boga i sâm nas je naučio kako da dospijemo na nebo dajući nam sebe kao uzor.

Nebo je podijeljeno na različite nebeske stanove

Nebo je kraljevstvo Božje u kojemu će Njegova spašena djeca živjeti dovijeka. Za razliku od ovoga svijeta, to je kraljevstvo mira u kojemu nema promjena ni korupcije. Puno je radosti i sreće i u njemu nema bolesti, patnji, boli ni smrti jer ondje nema neprijateljskog Sotone i đavla ni grijeha.

Čak i ako bismo pokušali zamisliti kako izgleda nebo, jako biste se iznenadili i začudili kad ugledate istinsku ljepotu i sjaj neba. Kako je prekrasnim Svemogući Bog i Stvoritelj svemira načinio nebo u kojemu će Njegova djeca živjeti dovijeka! Ako pomno proučavate Bibliju, vidjet ćete da je nebo podijeljeno na mnogo nebeskih stanova.

U Evanđelju po Ivanu 14:2 Isus nam govori: *„U kući Oca mojega ima mnogo stanova. Inače, zar bih vam rekao: Idem da vam pripravim mjesto!"* I u Knjizi Nehemijinoj također se spominje nekoliko „nebesa": *„Ti si, Jahve, Jedini! Ti si stvorio nebo, i nebesa nad nebesima, i vojsku njihovu, zemlju i sve što je na njoj, mora i što je u njima. Ti sve to oživljavaš, i vojske se nebeske tebi klanjaju"* (Knjiga Nehemijina 9:6).

U drevna vremena ljudi su mislili da postoji samo jedno nebo, ali danas, s razvitkom znanosti, znamo da postoje bezbrojni svemiri osim svemira kojega možemo vidjeti golim očima. Na naše iznenađenje Bog je tu činjenicu već zapisao u Bibliji.

Prmjerice, kralj Solomon priznao je da ima mnogo nebesa: *„Ali zar će Bog doista boraviti s ljudima na zemlji? Ta nebesa ni nebesa nad nebesima ne mogu ga obuhvatiti, a kamoli ovaj dom što sam ga sagradio!"* (Prva knjiga o kraljevima 8:27) A u

Drugoj poslanici Korinćanima 12:2-4 apostol Pavao priznaje da je bio uznesen u raj sve do trećeg neba, a u Otkrivenju 21 opisuje se Novi Jeruzalem u kojemu se nalazi Božje prijestolje. Stoga biste morali priznati da se nebo ne sastoji samo od jednog nebeskog stana, nego od mnogo nebeskih stanova. Podijelit ću nebo na nekoliko stanova, već prema mjeri vjere i nazvat ću ih Raj, Prvo kraljevstvo, Drugo kraljevstvo, Treće kraljevstvo i Novi Jeruzalem. Raj je za one s najmanjom vjerom; Prvo kraljevstvo je za one s većom vjerom od onih u Raju; Drugo kraljevstvo je za one s većom vjerom od onih u Prvom kraljevstvu; Treće kraljevstvo je za one s većom vjerom od onih u Drugom kraljevstvu, a u Trećem kraljevstvu nalazi se Sveti grad, Novi Jeruzalem, u kojemu se nalazi Božje prijestolje.

Navala na kraljevstvo nebesko od strane onih koji vjeruju

U Koreji ima otoka, kao što su Ul-lŭng i Jeju, ruralnih i brdskih područja, malih i velikih gradova i gradića, ali i velegradova. U glavnom gradu Seulu nalazi se službena predsjednička rezidencija, Cheong Wa Dae.

Baš kao što je i država podijeljena na brojne okruge iz razloga administrativne jednostavnosti, tako je i kraljevstvo nebesko podijeljeno na nekoliko nebeskih stanova, i to prema strogoj normi. Drugim riječima, koji ćete nebeski stan dobiti, to ovisi o mjeri u kojoj nalikujete Božjem srcu.

Bogu je milo kad živite s nadom u nebo jer je to dokaz da imate vjere, a to je ujedno i Vaša prečica za pobjedu u borbi protiv neprijateljskog Sotone i đavla i za Vaše posvećenje ako brzo od sebe odbacite djela i želje tijela.

Nakon što prihvatite Isusa Krista, počinjete shvaćati koliko je lako osloboditi se djela tijela, ali nije tako lako odbaciti od sebe želje tijela, te atribute grijeha ukorijenjene u Vama.

Upravo zato oni koji imaju istinsku vjeru neprestance nastoje moliti i postiti kako bi postali sveta djeca Božja, odbacujući od sebe u cijelosti čak i želje tijela.

Nebo se prisvaja samo vjerom, a svaki se nebeski stan dodjeljuje ovisno o onome što ste činili jer u nebu Bog upravlja s pravdom i ljubavlju. Drugim riječima, nebeski stan za nekoga na prvoj razini vjere razlikuje se od nebeskog stana za nekoga na drugoj ili trećoj razini vjere i tako dalje. Što se nalazite na višoj razini vjere, to ćete ući u ljepši i veličanstveniji nebeski stan.

Morate napredovati prema nebesima

I zato, ako možete ući samo u Raj, morate se boriti kako biste napredovali prema Prvom kraljevstvu, a time i boljem nebeskom stanu. Kako budete napredovali prema nebesima, protiv koga ćete se boriti? To je neprestana borba protiv đavla da biste očuvali čvrstu vjeru na ovome svijetu i napredovali prema vratima neba.

Neprijateljski Sotona i đavao daju sve od sebe da zavedu ljude da se protive Bogu, a time i da ne uđu u nebo; tjera ih da sumnjaju kako bi izgubili vjeru; a na koncu ih vodi u smrt jer ih tjera da počinjaju grijehe. I upravo zato morate pobijediti đavla. Ući ćete u bolji nebeski stan jedino ako nalikujete Gospodinu u borbi protiv grijeha sve do prolijevanja krvi.

Pretpostavimo da ima neki boksač koji izdržava svakovrsne

teške treninge kako bi postao svjetski prvak. Taj boksač zna da bi jedino tom vrstom napornog treninga mogao postati svjetski prvak i uživati u časti, bogatstvu i prosperitetu. Međutim, on mora proći kroz bolne treninge i borbe protiv samoga sebe sve dok ne osvoji naslov prvaka.

Isto se to događa s prisvajanjem nebesa dok napredujete prema njima. Trebali biste se boriti da postanete posvećeni, odbacivanjem od sebe svake vrste zloga, i da vršite svoje bogomdane dužnosti. Morate pobijediti u duhovnoj borbi prisvajanja nebesa usrdnom molitvom, čak i ako Vas neprijateljski Sotona i đavao neprestance ometaju u Vašoj borbi za napredovanje prema kraljevstvu nebeskom.

Međutim, morate znati da borba protiv đavla, zapravo, uopće nije tako teška. Svi koji vjeruju mogu pobijediti u borbi protiv neprijateljskog Sotone i đavla jer im Bog pomaže i vodi ih pomoću nebeske vojske i anđela, ali i Duha Svetoga.

Trebali bismo prisvojiti nebesa napredujući prema njima i vjerom izvojevati pobjedu. Nakon što boksač osvoji naslov prvaka, on mora nastojati da ga i zadrži. Međutim, borba za ulazak u nebo radosna je i ugodna jer, što više bitaka dobijete, to lakšim postaje Vaš teret grijeha. Kad god pobijedite u nekoj bitci, jako ste zadovoljni i borba postaje svakim danom sve lakša jer ste Vi u miru i uživate u dobrom zdravlju dokle god Vaša duša napreduje.

Osim toga, čak i kada boksač postane svjetskim prvakom i dobije čast, bogatstvo i prosperitet, sve to nestaje kad on umre. Pa ipak, slava i blagoslovi koje primite nakon borbe za napredovanje prema nebu traju zauvijek.

Pa za što biste, onda, trebali nastojati dati sve od sebe i boriti se? Trebali biste biti mudra osoba koja će dospjeti u bolji nebeski stan silovitim napredovanjem prema njemu, u potrazi za vječnim, a ne zemaljskim.

Ako želite vjerom napredovati prema nebesima

Kada Isus govori o nebu, On ljude poučava usporedbama koje se bave zemaljskim stvarma kako bi Ga oni bolje shvatili. Jedna od njih jest i usporedba o gorušičinu zrnu.

Zatim iznese drugu usporedbu: „Kraljevstvo je nebesko slično gorušičinu zrnu koje netko uze i posija na svojoj njivi. Ono je, svakako, najsitnije od svega sjemena, ali kad uzraste, bude veće od drugoga povrća; razvije se u stablo, tako da dolaze ptice nebeske i gnijezde se u njegovim granama" (Evanđelje po Mateju 13:31-32).

Kad dotaknete list papira kemijskom olovkom, na njemu ostaje malena točkica. Ona je gotovo iste veličine kao i gorušičino zrno. No, čak i to maleno zrno uzrast će u veliko stablo pa će dolaziti ptice nebeske i gnijezditi se u njegovim granama. Isus koristi ovu usporedbu kako bi pokazao proces rasta vjere: čak i ako sada imate malu vjeru, možete je odnjegovati u veliku vjeru.

U Evanđelju po Mateju 17:20 Isus nam govori: *„Zaista, kažem vam, ako imadnete vjere koliko gorušičino zrno te reknete ovoj gori: ,Prijeđi odande onamo', prijeći će; i ništa vam neće biti nemoguće".* Kao odgovor na zahtjev svojih učenika: „*Daj nam više vjere!*", Isus im u Evanđelju po Luki 17:6 kaže: „*Da zbilja imate vjere koliko gorušičino zrno, rekli biste ovomu dudu: 'Iščupaj se s korijenom i presadi se u more!' i poslušao bi vas*".

Možete se pitati kako biste Vi mogli pomaknuti stablo ili goru ako biste im to zapovjedili vjerom veličine gorušičina zrna. Pa ipak, čak ni najmanje slovo ni najblaži dodir olovke nipošto neće nestati iz Riječi Božje.

Pa koje je, onda, duhovno značenje ovih redaka? Dana Vam je vjera mala kao gorušičino zrno kada prihvatite Isusa i primite Duha Svetoga. No, ta će mala vjera propupati i uzrasti ako je posadite u njivu svoga srca. Kada uzraste u veliku vjeru, moći ćete pomicati gore jednostavnom zapovijedi, a moći ćete očitovati i snažna djela Božja, kao što je to da slijepi progledaju, gluhi čuju, nijemi progovore i mrtvi ožive.

Niste u pravu ako mislite da nemate nimalo vjere jer ne uspijevate manifestirati djela Božje snage ili ako još uvijek imate poteškoća u svojoj obitelji ili na poslu. Kročite putom života vječnoga dolascima u crkvu, slavljenjem i molitvom jer imate vjeru malu kao gorušičino zrno. Jednostavno ne doživljavate snažna djela Božja jer je mjera Vaše vjere još uvijek malena.

Stoga morate pustiti da Vaša vjera mala kao gorušičino zrno uzraste u vjeru dovoljno veliku da pomakne goru. Baš kao što posadite sjeme grožđa i uzgajate ga dok ne pusti izdanke, ne procvjeta i ne rodi plodom, tako i Vaša vjera raste u sličnom procesu.

Morate imati duhovnu vjeru

Tako je i s napredovanjem prema kraljevstvu nebeskom. Ne možete ući u Novi Jeruzalem ako samo kažete: „Da, vjerujem". Morate ga prisvojiti korak po korak, počevši od Raja sve dok ne dospijete u Novi Jeruzalem. Da biste dospjeli u Novi Jeruzalem, morate dobro znati kako to učiniti. Ako Vam put nije poznat, ne možete ga prisvojiti ili možete zapeti na jednom mjestu unatoč svojim nastojanjima.

Izraelci koji su izišli iz Egipta mrmljali su protiv Mojsija i jadikovali jer nisu imali dovoljno vjere da razdvoje Crveno more. Potom je Mojsije, koji je imao vjeru dovoljno veliku da pomiče gore, morao razdvojiti Crveno more na dva dijela. Unatoč tomu, vjera Izraelaca zapela je na jednom mjestu čak i nakon što su svjedočili razdvajanju Crvenog mora.

Umjesto toga, oni su načinili kip teleta i klanjali mu se, dok je Mojsije postio i molio na brdu Sinaju da bi dobio Deset zapovijedi (Knjiga izlaska 32). Nato se Jahve razljuti i reče Mojsiju: *„Pusti sada neka se moj gnjev na njih raspali da ih istrijebim. Onda ću od tebe načiniti veliki narod"* (redak 10). Izraelci još uvijek nisu imali dovoljno duhovne vjere da budu poslušni Bogu, čak iako su vidjeli brojna znamenja i čudesa koja su se manifestirali putem Mojsija.

Na koncu, prvi naraštaj Izraelaca u vrijeme izlaska nije mogao ući u zemlju kanaansku, osim Jošue i Kaleba. A kakav je bio drugi naraštaj nakon izlaska s Jošuom i Kalebom? Čim su svećenici koji su nosili Božju arku stupili u rijeku Jordan pod Jošuinim vodstvom, voda je prestala teći i Izraelci su je uspjeli prijeći.

Štoviše, kao izraz poslušnosti zapovijedi Božjoj, oni su sedam dana marširali oko grada Jerihona i glasno vikali, a potom se Jerihon urušio. Doživjeli su to prekrasno djelo Božje snage ne zbog toga što su imali fizičku snagu, nego zato što su poslušno slijedili Jošuu, koji je imao vjeru dovoljno veliku da pomiče čak i gore. Nadalje, do tog su vremena Izraelci već bili zadobili i duhovnu vjeru.

Pa kako je Jošua uspio zadobiti tako snažnu i veliku vjeru? Jošua je baštinio iskustvo i vjeru Mojsijevu s kojim je proveo četrdeset godina u pustinji. I baš kao što je Eliša baštinio dvostruku količinu Ilijina duha slijedeći ga do kraja, Jošua kao Mojsijev nasljednik, kojega je priznao Bog, postao je čovjek od velike vjere jer je služio Mojsiju i bio mu poslušan dok ga je slijedio. Kao rezultat toga, on je manifestirao snažno djelo kada je zaustavio čak i sunce i mjesec (Jošua 10:12-13).

Isto se to zbilo i s Izraelcima koji su slijedili Jošuu. Prvi naraštaj nakon izlaska u dobi od dvadeset ili više godina trpio je četiri desetljeća i umro u pustinji. Pa ipak, njihovi potomci koji su slijedili Jošuu uspjeli su ući u zemlju kanaansku jer su ipak zadobili duhovnu vjeru kroz različite vrste teškoća i kušnja.

Morate dobro razumjeti duhovnu vjeru. Neki kažu da su nekoć imali vjeru dovoljno veliku da budu odani sluge u svojoj crkvi. Pa ipak, kažu da više ne vjeruju jer je njihova vjera nekako nestala. Njihova tvrdnja nije valjana jer se duhovna vjera nikad ne mijenja. Njihova se vjera iz prošlosti promijenila jer to nije bila duhovna vjera nego vjera kao puko znanje. Da su uistinu imali duhovnu vjeru, ona se ne bi ni promijenila niti bi nestala nakon duljeg vremena.

Pretpostavimo da imam bijeli rupčić. Kad Vam ga pokažem, upitam Vas: „Vjerujete li da je ovaj rupčić bijele boje?" Vi ćete zacijelo reći: „Da". A opet, pretpostavimo da otada prođe deset godina i da Vas ja s istim rupčićem u ruci upitam: „Ovo je rupčić bijele boje. Vjerujete li u to?" Što biste odgovorili? Nitko ne bi sumnjao u njegovu boju niti rekao da je to crni rupčić čak ni iako je prošlo dosta vremena. Za rupčić za koji sam prije deset ili dvadeset godina vjerovao da je bijele boje, i danas ću vjerovati da je bijele boje.

A evo i još jedne usporedbe. Kada idete na hodočašće u Svetu zemlju, vidjet ćete kako oni prodaju gorušičino zrno u kuverti. Jednog je dana neki čovjek kupio to gorušičino zrno i posijao ga na svojoj njivi, ali ono nije pustilo izdanke; životne sile u gorušičinu zrnu umrle su jer su predugo vremena bile ostavljene izvan zemlje.

Slično tomu, čak i ako ste prihvatili Isusa Krista, primili Duha Svetoga i imate vjeru veličine gorušičina zrna, Duh Sveti u Vama može nestati ako na njivi svojega srca ne posijete vjeru na dulje vrijeme. I zato nas Prva poslanica Solunjanima 5:19 upozorava: *„Duha ne trnite!"* Vaša vjera, makar sad bila veličine gorušičina zrna, može postupno narasti kada je posijete na njivu svojega srca i kada svoju vjeru pretočite u djela. Međutim, ako ne živite po Riječi Božjoj dugo nakon što ste primili Duha Svetoga, može se utrnuti oganj Duha.

Prisvajanje neba duhovnom vjerom

Stoga morate živjeti po Riječi Božjoj ako ste prihvatili Isusa Krista i primili Duha Svetoga. Kao izraz poslušnosti Riječi

Božjoj, morate od sebe odbaciti grijehe, moliti, slaviti, biti u zajedništvu s braćom i sestrama u Gospodinu, naviještati evanđelje i ljubiti jedni druge.

Vaša će vjera rasti dokle god je budete njegovali na taj način. Primjerice, dok se družite sa svojom braćom i sestrama u vjeri, Vaša vjera može rasti jer možete slaviti Boga razmjenom svjedočanstava i međusobnim razgovorom u istini.

Možda ćete vidjeti kako na nečiju vjeru utječu oni s kojima se druži. Ako roditelji imaju dobru vjeru, vrlo je vjerojatno da će i njihova djeca imati dobru vjeru. Ako Vaš prijatelj ima dobru vjeru, i Vaša vjera također raste jer počinje nalikovati na vjeru Vašega prijatelja.

Za razliku od toga, budući da Vam neprijateljski Sotona i đavao pokušavaju oduzeti vjeru, ne samo da biste se trebali uvijek oboružati Riječju Božjom, nego biste ste trebali i moliti bez prestanka kako biste pobijedili u duhovnoj bitci tako što ćete uvijek biti radosni i zahvaljivati u svim okolnostima s Božjom snagom i vlašću.

A onda će vaša vjera veličine gorušičina zrna narasti u veliko stablo puno lišća i cvata, a naposljetku će roditi obilnim plodom. Moći ćete slaviti Boga jer ćete obilno iznjedriti devet darova Duha Svetoga, plod duhovne ljubavi i plod svjetla.

I sami znate koliko truda i strpljivosti poljodjelac mora uložiti od trenutka kada posije sjeme do trenutka kada žanje usjeve. Isto tako, ni mi ne možemo prisvojiti nebo pukim dolascima u crkvu. Također moramo nastojati i duhovno se boriti kako bismo ga prisvojili.

Kada budete naviještali evanđelje, moguće je da ćete naići na neke koji kažu da bi prvo željeli zaraditi ogromne svote novca i uživati u životu, pa tek onda krenuti u crkvu, kad budu malo stariji. Kako su oni samo budalasti! Ne znate ni što će se dogoditi sutra niti čas Drugog dolaska Gospodinova.

Osim toga, ne možete zadobiti vjeru u samo jednom danu, a vjera ne može ni narasti za tako kratko vrijeme. Naravno da možete imati vjere kao pukog znanja koliko god hoćete. Pa ipak, bogomdanu duhovnu vjeru možete zadobiti tek kada shvatite Riječ Božju i kad revno živite po njoj.

Ni poljodjelac svoje sjeme ne sije bilo gdje. On prvo preore i pognoji komad neplodne zemlje. Tek onda on sije sjeme na toj njivi i brine se o njemu zalijevajući ga, gnojeći ga i tako dalje. Tek će tada biljke moći dobro uzrasti, a on će imati obilnu žetvu. Slično tomu, ako imate vjeru veličine gorušičina zrna, prvo morate posijati i uzgojiti svoju vjeru kako bi ona uzrasla u veliko stablo na koje će dolaziti brojne ptice i gnijezditi se.

S jedne strane, „ptica" u usporedbi o sijaču u Evanđelju po Mateju 13:1-9 predstavlja neprijateljskog đavla koji proždire sjeme Riječi Božjih, koje padaju uz put.

S druge strane, ptice u Evanđelju po Mateju 13:31-32 predstavljaju za ljude: „*Kraljevstvo je nebesko slično gorušičinu zrnu koje netko uze i posija na svojoj njivi. Ono je, svakako, najsitnije od svega sjemena, ali kad uzraste, bude veće od drugoga povrća; razvije se u stablo, tako da dolaze ptice nebeske i gnijezde se u njegovim granama*".

Baš kao što mnoštvo ptica dolazi na veliko stablo i gnijezdi se u njegovim granama, tako i, kada Vaša vjera uzraste do pune mjere, mnogi ljudi mogu duhovno boraviti u Vama jer možete podijeliti s njima svoju vjeru i ojačati ih Božjom milošću.

Isto tako, što se više budete posvećivali, to ćete zadobivati više duhovne vjere i vrlina. Kao rezultat toga, prigrlit ćete mnoge, a to je prečica do silovitog prisvajanja nebesa.

U Evanđelju po Mateju 5:5 Isus nam govori: *„Blago krotkima; jer, oni će baštiniti zemlju!"* Ovaj nas odlomak uči da ćete baštiniti to veći nebeski stan što Vaša vjera bude više rasla i što Vi postanete krotkijima.

Različit sjaj na nebesima već prema razini vjere

O našim uskrslim tijelima apostol Pavao u Prvoj poslanici Korinćanima 15:41 primjećuje: *„Drugi je sjaj sunca, a drugi sjaj mjeseca, a drugi sjaj zvijezda, jer se zvijezda od zvijezde razlikuje sjajem".* Svatko će primiti drukčiju mjeru sjaja na nebesima jer Bog svakome daje plaću ovisno o njegovim djelima.

Ovdje se „sjaj sunca" odnosi na sjaj koji će zadobiti oni koji su u cijelosti posvećeni i vjerni u Božjem hramu. „Sjaj mjeseca" odnosi se na sjaj ljudi kojima nedostaje sjaja sunca, a „sjaj zvijezda" odnosi se na sjaj ljudi čija je vjera slabija od onih sa sjajem mjeseca.

Fraza „zvijezda se od zvijezde razlikuje sjajem" znači da, baš kao što se i svaka zvijezda od druge zvijezde razlikuje u stupnju sjajnosti, tako će i svatko od nas primit drukčiju plaću i rang na nebesima nakon uskrsnuća, čak i ako uđemo u isti stan na nebesima.

Na taj nam način Biblija govori da će svatko od nas dobiti drukčiji sjaj na nebesima kada uzađemo na nebo nakon uskrsnuća. To nas navodi da shvatimo da ćemo dobiti različite stanove i plaće na nebesima, ovisno o tomu koliko duhovne vjere imamo nakon što smo od sebe odbacili grijehe i koliko smo vjerni kraljevstvu Božjem dok živimo na ovome svijetu. Međutim, ljudi koji su opaki i lijeni u odbacivanju svojih grijeha i u vjernom vršenju svojih dužnosti neće moći uzaći na nebo, nego će, umjesto toga, biti bačeni van u tamu (Evanđelje po Mateju 25). Dakle, morate silovito napredovati prema prekrasnom nebu pomoću vjere.

Kako napredovati prema nebu

Ljudi na ovome svijetu provode cijele svoje živote kako bi zaradili što više blaga koje ne mogu zauvijek imati. Neki, pak, naporno rade i stežu remenje da bi kupili kuću, dok drugi marljivo uče i ne spavaju dovoljno kako bi dobili bolja radna mjesta. Ako svi daju sve od sebe kako bi im ovdje na ovome svijetu bio što bolji život, koji traje tako kratko, koliko bismo više truda trebali uložiti da dobijemo život vječni na nebesima? Preispitajmo u pojedinosti kako bismo trebali napredovati prema nebesima.

Kao prvo, morate biti poslušni Riječi Božjoj. On nas potiče da se i dalje trudimo oko svoga spasenja sa strahom i trepetom (Poslanica Filipljanima 2:12). Neprijateljski Sotona i đavao oduzet će Vam Vašu vjeru ako ne bdijete. Stoga biste Riječ Božju trebali smatrati *„slađom od meda, meda samotoka"* (Psalmi 19:10) i boraviti u njoj. Nećete biti spašeni samo kad Isusu reknete: „Gospodine, Gospodine!", nego kada djelujete po volji Božjoj uz pomoć Duha Svetoga.

Kao drugo, morate obući bojnu opremu Božju. Da biste bili jaki u Gospodinu i u Njegovoj neograničenoj moći i da biste se usprotivili đavolskim planovima, morate obući bojnu opremu

Božju. Ne borite se protiv tijela i krvi, nego protiv vladara, protiv vlasti, protiv sila ovoga tamnog svijeta i protiv duhovnih sila zla u kraljevstvu nebeskom. I upravo zato ćete se, tek kad obučete bojnu opremu Božju, moći usprotiviti kada dođu dani Zloga i ostat ćete postojani nakon što sve to učinite (Poslanica Efežanima 6:10-13).

Stoga, morate biti postojani, opasani istinom, obučeni u oklop pravednosti i s nogama obuvenim u spremnost Radosne vijesti mira. K svemu uzmite veliki štit vjere. Njime ćete moći ugasiti sve goruće strijele Zloga! Prihvatite kacigu spasenja i mač Duha, to jest Riječ Božju, sa svakojakom molitvom i prošnjom! Molite svaki čas u Duhu; za to budite budni, istrajte i molite za svete (Poslanica Efežanima 6:14-18). Koji ćete stan na nebesima dobiti, to će ovisiti o tomu u kojoj ste mjeri obukli bojnu opremu Božju i pobijedili neprijateljskog Sotonu i đavla.

Kao treće, morate uvijek imati duhovnu ljubav. Pomoću vjere uspjet ćete uzaći na nebo, a pomoću ufanja u nebo uspjet ćete prebivati u istini. Pomoću snage ljubavi također ćete moći biti i posvećeni i vjerni u vršenju svih svojih dužnosti.

Štoviše, moći ćete ući u Novi Jeruzalem, najljepše mjesto na nebesima, tek kada zadobijete savršenu ljubav. Morate zadobiti savršenu ljubav da biste boravili u Novom Jeruzalemu, gdje je Bog, koji je sâma ljubav.

Baš kao što nam apostol Pavao govori u Prvoj poslanici Korinćanima 13:13: *„Sada ostaje vjera, ufanje i ljubav – to troje – ali je najveća među njima ljubav"*, tako i Vi morate napredovati prema nebesima pomoću duhovne ljubavi. Osim toga, morate znati da će Vam stan na nebesima biti dodijeljen ovisno o tomu u kojoj mjeri zadobijete ljubav.

3. Različiti stanovi i vijenci na nebesima

U ovom trodimenzionalnom svijetu ne možemo spoznati nebo, koje je dio četverodimenzionalnog svijeta. Međutim, kao čovjek od vjere, uzbudit ćete se i obradovati čim čujete riječ „nebo" jer je kraljevstvo nebesko Vaš dom, u kojemu ćete dovijeka živjeti. Ako ovdje naučite sve o nebu, ne samo da će Vaša duša biti dobro, nego će i Vaša vjera brže rasti jer ćete se napuniti ufanjem u kraljevstvo nebesko.

Na nebu su brojni stanovi koje je Bog pripravio svojoj djeci (Ponovljeni zakon 10:14; Prva knjiga o kraljevima 8:27; Knjiga Nehemijina 9:6; Psalmi 148:4; Evanđelje po Ivanu 14:2). Svatko će dobiti drukčiji stan na nebesima, ovisno o mjeri svoje vjere jer je Bog pravedan i daje Vam da žanjete kako ste sijali (Poslanica Galaćanima 6:7) i daje Vam plaću prema djelima (Evanđelje po Mateju 16:27; Otkrivenje 2:23).

Kao što sam već spomenuo, kraljevstvo nebesko podijeljeno je na nekoliko dijelova, kao što su Raj, Prvo kraljevstvo, Drugo kraljevstvo i Treće kraljevstvo, u kojemu je Novi Jeruzalem. Božje se prijestolje nalazi u Novom Jeruzalemu, baš kao što se službena rezidencija korejskog predsjednika, Cheonga Wa Daea, nalazi u glavnom gradu Seulu, a službena rezidencija predsjednika Sjedinjenih Američkih Država, Bijela kuća, u glavnom gradu Washingtonu, D.C.

A Biblija nam govori i o nekoliko vrsta vijenaca, kojima će se nagraditi djeca Božja. Od svih poslanja, privođenje duša Gospodinu i izgradnja Njegova svetišta zavrjeđuju najveću nagradu.

Više je načina privođenja duša Gospodinu. Možete

sudjelovati u naviještanju Radosne vijesti, pomagati davanjem različitih prinosa ili neizravno naviještati Radosnu vijest vjernim radom za kraljevstvo nebesko svojim različitim talentima. Takvi neizravni načini privođenja duša Gospodinu važni su i za širenje kraljevstva nebeskog, baš kao što se ni Vi ne možete odreći nijednog dijela svoga tijela.

Unatoč tomu, izravno sudjelovanje u naviještanju Radosne vijesti i izgradnja svetišta, u kojemu se ljudi okupljaju na misno slavlje, zaslužuju najveće nagrade jer oni su jednaki taženju Isusove žeđi i plaćanju za Njegovu krv.

A razlikuju se i načini na koje možete zaslužiti vijenac na nebesima, kao što se i njihova dragocjenost razlikuje od vijenca do vijenca. Po vijencu svake osobe moći ćete razaznati njezinu mjeru posvećenosti, nagrade i stana na nebesima, baš kao što su ljudi za vrijeme monarhije mogli razaznati nečiji društveni status po njihovoj odjeći.

Razmotrimo, dakle, odnos između mjere vjere i stana na nebesima i vijenaca koji se dobivaju za nagradu.

Raj za ljude na prvoj razini vjere

Raj je najniži prostor na nebesima, no ipak je to nezamislivo radosno, sretno, prekrasno i mirno mjesto u usporedbi s ovim svijetom. Nadalje, koliko je to samo prekrasno mjesto kad pogledamo činjenicu da u njemu uopće nema grijeha! Raj je znatno bolje mjesto od Edenskog vrta gdje je Bog stavio Adama i Evu nakon što ih je stvorio.

Raj je prekrasno mjesto, kroz koje protječe Rijeka života, koja izvire iz Božjeg prijestolja, i utječe u Treće kraljevstvo, Drugo kraljevstvo i Prvo kraljevstvo. S obje strane rijeke stoje stabla života koja rađaju dvanaest puta; svakog mjeseca daju svoj plod (Otkrivenje 22:2).

Raj je za one koji su prihvatili Isusa Krista, ali nemaju djela vjere. To jest, ljudi na prvoj razini vjere, koji su jedva zadobili spasenje i primili Duha Svetoga, uzlaze u Raj. Njima se ne daju ni vijenci ni nagrade jer nisu pokazali djela vjere.

U Evanđelju po Luki 23:43 čitamo da je na križu Isus rekao jednom zločincu: *„Zaista, kažem ti, danas ćeš sa mnom biti u raju!"* To ne znači nužno da Isus boravi samo u Raju; Isus je posvuda na nebesima jer je On Vladar nebesa. Također, u Bibliji čitamo i to da je Isus nakon svoje smrti sišao nad pakao, a nije uzašao u Raj.

U Poslanici Efežanima 4:9 postavlja se pitanje: *„To uziđe, što drugo znači nego da i siđe u donje krajeve, na zemlju?"* A i u Prvoj Petrovoj poslanici 3:18-19 čitamo ovako: *„Jer, i Krist je jedanput umro zbog grijehâ, pravedan za nepravedne da nas privede k Bogu; predan na smrt s obzirom na tijelo, ali oživljen s obzirom na duh, u kom otiđe propovijedati i dusima u tamnici".* Drugim riječima, Isus je sišao nad pakao, ondje propovijedao evanđelje i ponovno uzašao treći dan.

Stoga nam Isus govori: „Zaista, kažem ti, danas ćeš sa mnom biti u raju!", što znači da je Isus predvidio činjenicu da će po svojoj vjeri taj zločinac biti spašen i završiti u Raju. Taj zločinac jedva da je zadobio sramotno spasenje i uzašao u Raj jer je samo prihvatio Isusa tik pred smrt, ali se nije trudio boriti protiv svojih grijeha niti vršiti svoje dužnosti za kraljevstvo Božje.

Prvo kraljevstvo na nebesima

A kakvo je Prvo kraljevstvo na nebesima? Baš kao što se život u Raju znatno razlikuje od života na ovome svijetu, tako je i Prvo kraljevstvo na nebesima neusporedivo sretnije i radnosnije mjesto od Raja.

Kad bismo sreću osobe koja uzađe u Prvo kraljevstvo usporedli sa srećom zlatne ribice u akvariju, onda bismo sreću osobe koja uzađe u Drugo kraljevstvo mogli usporediti sa srećom kita u nepreglednom Atlantskom oceanu. Baš kao što se zlatna ribica u akvariju osjeća ugodnije i sretnije dok se nalazi u akvariju, i onaj koji uzađe u Prvo kraljevstvo zadovoljan je ondje i osjeća se istinski sretnim.

Sada znate da se i nebeski stanovi razlikuju i po mjeri sreće. Možete li uopće zamisliti u kako slavnom životu će uživati oni u Novom Jeruzalemu, gdje se nalazi Božje prijestolje? Zacijelo je takav život sjajan, prekrasan i ljepotom oduzima dah više od bilo čega što možete zamisliti. I upravo zato biste trebali revno njegovati svoju vjeru s nadom u Novi Jeruzalem, a da se pritom ne zadovoljite Rajem ili Prvim kraljevstvom.

Ako postanete dijete Božje prihvaćanjem Isusa Krista kao svojeg Spasitelja, uz pomoć Duha Svetoga uskoro možete dospjeti na drugu razinu vjere na kojoj nastojite živjeti po Riječi Božjoj. Na toj razini možete nastojati poštivati Njegovu riječ kako je budete shvaćali, ali još uvijek niste savršeni u življenju po njoj.

Isti je slučaj s jednogodišnjakom koji pokušava stajati unatoč čestim padovima. Nakon mnogo vježbanja on će na koncu uspjeti samostalno stajati, gegati se, a uskoro će čak pokušati i potrčati. Pa koliko će njegova majka obožavati i voljeti svoje dijete ako i dalje bude raslo na taj način?

Isto je tako i s razinama vjere. Baš kao što i malo dijete pokušava stajati, hodati i trčati jer je živo, tako i vjera, koja u sebi također nosi život, napreduje prema drugoj, a kasnije i prema trećoj razini vjere. I zato Bog daje Prvo kraljevstvo onima na drugoj razini vjere zato što ih Bog ljubi.

Neraspadljivi vijenac

U Prvom kraljevstvu na nebesima dobit ćete vijenac. Više je vrsta vijenaca na nebesima, baš kao što je i samo nebo podijeljeno na više nebeskih stanova: neraspadljivi vijenac, vijenac slave, vijenac života, vijenac od zlata i vijenac pravednosti. Onome koji uđe u Prvo kraljevstvo na nebesima dat će se neraspadljivi vijenac.

U Drugoj poslanici Timoteju 2:5-6 stoji: *„Ako se tko natječe, ne dobiva vijenca ako se pravilno ne natječe. Ratar koji se trudi treba da prvi primi svoj dio roda"*. I kao što i na ovom svijetu primamo nagradu za svoj rad, tako ćemo primiti nagradu i kada budemo hodili uskim putom prema nebu.

Sportaš će dobiti zlatnu medalju ili lovorov vijenac samo ako se pravilno natjecao i pobjedio. Isto tako ćete i Vi moći dobiti vijenac jedino ako se natječete u skladu s Riječi Božjom dok silovito prisvajate nebesa.

Isus je rekao: *„Neće svaki koji mi govori: ,Gospodine, Gospodine!' ući u kraljevstvo nebesko, nego onaj koji vrši volju moga nebeskog Oca"* (Evanđelje po Mateju 7:21). Ako netko ignorira duhovni zakon, Božji zakon, pa čak i ako tvrdi da vjeruje u Boga, ne može dobiti nikakav vijenac jer je njegova vjera poput pukog znanja, a on je poput sportaša koji se ne natječe pravilno.

Međutim, čak i ako imate slabu vjeru, dobit ćete neraspadljiv vijenac dokle god se nastojite natjecati u skladu s Božjim pravilima. Dobit ćete neraspadljiv vijenac jer će se smatrati da ste sudjelovali u utrci i završili je u skladu s pravilima.

Utrka vjernika jest duhovna borba protiv neprijateljskog đavla i grijeha. A prava nagrada onomu tko pobijedi u toj utrci savladavanjem neprijateljskog đavla upravo je neraspadljivi vijenac.

Pretpostavimo da dolazite samo na jutarnje nedjeljno misno slavlje, a nedjeljom poslijepodne družite se sa svojim prijateljima. U tom slučaju ne možete primiti čak ni neraspadljivi vijenac jer ste već izgubili bitku protiv neprijateljskog Sotone i đavla.

U Prvoj poslanici Korinćanima 9:25 stoji: „*Svaki se natjecatelj uzdržava u svemu. Oni to čine da dobiju raspadljiv vijenac, a mi neraspadljiv*".

I baš kao što svi natjecatelji u toj utrci prolaze strogu obuku i natječu se pravilno kako bi dospjeli na nebo, tako bismo i mi trebali proći strogu obuku i živjeti po volji Božjoj. A kad vidimo da Bog pripravlja vijenac koji se nikada neće raspasti za one koji nastoje živjeti po Njegovu zakonu na ovome svijetu i tako vrjednuje njihov trud, tek tada spoznajemo u kojoj mjeri naš Bog obiluje ljubavlju!

Osim toga, nagrade se pripravljaju za one koji dospiju u Prvo kraljevstvo na nebesima. Prave nagrade i slave dat će se onima koji dospiju na to mjesto jer se oni trude zadobiti kraljevstvo Božje u ime našeg Gospodina.

Drugo kraljevstvo na nebesima

Drugo kraljevstvo na nebesima nalazi se za jednu razinu iznad Prvog kraljevstva. Ljudi na trećoj razini vjere, koji žive po Riječi Božjoj, mogu ući u Drugo kraljevstvo. Oko glavnog grada Koreje Seula nalaze se satelitski gradovi, a oko tih se gradova nalaze predgrađa.

Isto tako se i na nebesima Novi Jeruzalem nalazi usred Trećeg kraljevstva, a oko Trećeg kraljevstva nalaze se Drugo kraljevstvo, Prvo kraljevstvo i Raj. Naravno da to ne znači da se svaki nebeski stan širi poput gradova na ovome svijetu.

Ograničenim ljudskim znanjem ne možemo ispravno razumjeti prekrasna i čudesno rasprostranjena nebesa. Ma koliko ih pokušavali pojmiti, nećete ih uspjeti ispravno razumjeti, čak ni ako ih pokušate zamisliti vlastitim umom i maštom. No, kako Vaša vjera bude rasla, tako ćete sve više uspijevati razumjeti nebesa jer se ona ne daju objasniti ničim na ovome svijetu.

Kralj Solomon, koji je uživao veliko bogatstvo, prosperitet i moć, pod stare je dane zakukao: *„'Ispraznost nad ispraznošću, veli Propovjednik, ispraznost nad ispraznošću, sve je ispraznost!' Kakva je korist čovjeku od svega truda njegova kojim se trudi pod suncem?"* (Propovjednik 1:2-3)

A i Jakovljeva poslanica 4:14 podsjeća nas: *„A ne znate što će biti sutra s vašim životom! Vi ste dim koji se na čas pokaže i zatim nestane".* Nečije veliko bogatstvo i prosperitet na ovome svijetu kratkoga su vijeka i ubrzo nestaju.

U usporedbi sa životom vječnim način na koji danas živimo je poput izmaglice koja se nakratko pokaže i zatim nestane. Međutim, vijenac koji nam Bog daje vječan je i neraspadljiv, a to je toliko dragocjena i vrijedna nagrada koja će svima biti vječni izvor ponosa.

Pa koliko će, onda, besmislen biti život onih koji ne mogu slaviti Boga, a ujedno tvrde da vjeruju u Njega! Međutim, ako se netko nalazi na trećoj razini vjere zato što sve radi iskreno, često će čuti kako njegovi susjedi priznaju: „Kad tebe vidim, pomislim kako bih i ja uistinu trebao početi odlaziti u crkvu!"

Na taj način on slavi Boga i upravo ga zato Bog i nagrađuje vijencem slave.

Vijenac slave

U Prvoj Petrovoj poslanici 5:2-4 Bog nam ostavlja u baštinu:

Napasite stado Božje koje je među vama nadzirući ga ne na silu, nego dragovoljno, po Bogu; ne iz težnje za prljavim dobitkom, nego iz nagnuća, ne kao gospodareći baštinom, nego postajući uzori stadu! I kad se pojavi vrhovni Pastir, primit ćete neuveli vijenac – slavu.

Ako dospijete na treću razinu vjere, zračite Kristovim mirisom jer su se i Vaši govor i ponašanje promijenili dovoljno da postanu svjetlo i sol svijeta u onoj mjeri u kojoj ste od sebe odbacili grijehe sve do prolijevanja krvi. Ako netko, tko se prije običavao lako razljutiti i govoriti protiv drugih, postane krotak i počne samo dobro govoriti o drugima, njegovi će susjedi reći: „On se toliko promijenio otkako se obratio na kršćanstvo". Na taj će se način Bog proslaviti zbog njega.

Stoga će se onome tko postane dobar uzor stadu dati neuveli

vijenac – slava, jer Ga on proslavlja revnim odbacivanjem grijeha i vjernošću svojim bogomdanim dužnostima na ovome svijetu. Sve što smo učinili u ime Gospodnje i sve što smo učinili kako bismo izvršili svoju dužnost, uz odbacivanje od sebe svojih grijeha, nagomilat će se na nebu kao nagrada.

Sve slave ovoga svijeta će propasti, ali slava kojom veličate Boga nikada neće nestati i vratit će Vam se kao vijenac – slava koji će biti zauvijek neraspadljiv.

Možda ćete se katkad zapitati: „Ta bi osoba trebala biti savršena u svakom pogledu, zauzeti stav nalik stavu Gospodnjem, jer je vrlo vjerna Božjem djelu. Ali, zašto u sebi još uvijek nosi zloću?"

U takvom slučaju ta osoba još uvijek nije u cijelosti posvećena u borbi protiv vlastitih grijeha, nego slavi Boga dajući sve od sebe u vršenju svoje dužnosti. I zato će ona dobiti vijenac – slavu koji nikada neće nestati.

A zašto se, onda, taj vijenac naziva „vijenac – slava"? Većina ljudi barem jednom ili dvaput u svojem životu prime neku nagradu. Što veću nagradu primite, to ste sretniji i to se više počinjete hvalisati. Unatoč tomu, kad se osvrnete nakon nekog vremena, imate osjećaj da je slava ovoga svijeta bezvrijedna. A to je zato što potvrda o izvrsnosti postaje tek listom starog papira, pokal prekrije prašina, a sjećanje, nekoć toliko intenzivno, izblijedi.

Za razliku od toga, slava koju ćete primiti na nebesima nikad se neće promijeniti. I upravo nam zato Isus govori: *„Nego, sabirajte sebi blago na nebu, gdje ga ni moljac ni rđa ne izgrizaju, gdje lopovi ne prokopavaju zidova i ne kradu!"* (Evanđelje po Mateju 6:20)

Dakle, kad se usporedi s vijencima na ovome svijetu, „vijenac-slava" pokazuje nam da će njegova slava i sjaj biti vječni. A kad vidite da je vijenac vječan i na nebu i da je zauvijek neraspadljiv, možete samo zamisliti koliko je ondje i sve drugo savršeno.

Pa kako će se, onda, osjećati ljudi na nižim razinama neba – u Raju ili u Prvom kraljevstvu – kad ih posjeti netko s vijencem – slavom? Na nebu ljudi u nebeskim stanovima na nižim razinama iz sveg srca obožavaju i dive se onima na višem položaju, klanjaju mu se, ne podižući pritom ni pogled, baš kao što se podanici klanjaju kralju.

Unatoč tomu, nitko ne mrzi tu osobu niti joj zavidi niti je ljubomoran na nju jer na nebesima nema zla. Umjesto toga, svi je promatraju s poštovanjem i ljubavlju. Na nebu se ne osjećate ni nelagodno niti ponosno, bez obzira klanjate li se s poštovanjem ili primate poštovanje drugih zbog toga što je Vaš nebeski stan na višoj razini. Ljudi jedni drugima jednostavno iskazuju poštovanje i dočekuju jedni druge s ljubavlju, te jedni druge smatraju dragocjenim bićem.

Treće kraljevstvo na nebesima

Treće kraljevstvo na nebesima je za one koji u cijelosti žive po Riječi Božjoj i imaju mučeničku vjeru, koji svoje živote smatraju bezvrijednima jer najviše ljube Boga. Ljudi na četvrtoj razini vjere spremni su i umrijeti za Gospodina.

Mnogi su kršćani pobijeni posljednjih dana vladavine dinastije Chosun u Koreji. Tijekom tog razdoblja bilo je velikih progona kršćana i suzbijanja kršćanstva. Vlada je čak obećavala i novčane nagrade onima koji bi prijavili gdje se nalaze kršćani.

Unatoč tomu, misionari iz Sjedinjenih Američkih Država i Europe nisu se bojali smrti, nego su još revnije naviještali Radosnu vijest. Brojni su ubijeni dok Radosna vijest nije procvjetala kao danas.

Dakle, ako želite otići u neku drugu zemlju kao misionar, savjetujem Vam da imate vjeru mučenika. I premda neki trpe kao misionari u drugim narodima, oni ipak uspijevaju ondje raditi s radošću i zahvalnošću jer znaju da će njihove patnje i boli biti bogato nagrađene na nebesima.

Možda će neki pomisliti: ‚Sad živim u narodu u kojemu nema progona jer ovdje vlada sloboda vjeroispovijesti. Ali me strašno muči to što ne mogu dati svoj život za kraljevstvo nebesko iako imam čvrstu vjeru, dovoljnu za umrijeti mučeničkom smrću'. Međutim, tomu ipak nije tako. Danas više nije potrebno umrijeti mučeničkom smrću da bi se navijestila Radosna vijest kao za vrijeme prve crkve.

Naravno da bi, ako je to potrebno, trebalo biti i mučenika. Međutim, ako možete učiniti više za Gospodina pomoću vjere kojom ste spremni žrtvovati čak i vlastiti život, zar Mu nećete biti miliji, čak i ako ne umrete mučeničkom smrću?

Štoviše, Bog koji poznaje Vaše srce zna kakvu ćete vrstu vjere pokazati u situacijama u kojima Radosnoj vijesti prijeti propast; On poznaje i dubinu i srž Vašega srca. Možda je Vama vrjednije živjeti kao živući mučenik, kao što nam poručuje stara poslovica: „Teže je živjeti nego umrijeti".

U našem svakidašnjem životu moguće je da ćemo se suočiti s mnogim pitanjima o kojima ovisi život i smrt, koji od nas zahtijevaju vjeru mučenika. Primjerice, postiti i moliti dan i noć nije moguće bez čvrste odluke i vjere jer postimo i molimo kako bi nam Bog uslišao molitve, čak i uz opasnost od gubitka vlastitog života. Pa kakvi to, onda, ljudi mogu ući u Treće kraljevstvo na nebesima? Ući mogu samo oni koji su u cijelosti posvećeni.

Za vrijeme prve crkve, budući da je bilo mnogo onih koji su bili spremni umrijeti za Isusa Krista, bilo je mnogo i onih koji su ispunjavali uvjete za Treće kraljevstvo. Međutim, danas u Treće kraljevstvo može ući samo iznimno malen broj onih koji se posebice prepoznaju po tome što su od sebe odbacili svoje grijehe pred Bogom jer velike su ljudske opačine na ovoj zemlji.

Oni s vjerom otaca mogu ući u Treće kraljevstvo jer su od sebe odbacili sve svoje grijehe i nadvladali svakovrsne tegobe i kušnje, te tako postali u cijelosti posvećeni i vjerni do smrti. Dakle, Bog h smatra dragocjenima, šalje anđele i vojsku nebesku da ih štite i obavija ih oblakom slave.

Vijenac života

Kakav će vijenac primiti ljudi u Trećem kraljevstvu? Njima će se dati vijenac života, kao što nam Isus obećava u Otkrivenju 2:10: *„Ostani vjeran do smrti, i dat ću ti vijenac – život!"*

„Biti vjeran" ovdje ne znači samo to da budete vjerni svojoj dužnosti u svojoj crkvi. Iznimno je važno da od sebe odbacite svaku vrstu zla boreći se sa svojim grijesima sve do prolijevanja krvi, ne čineći kompromise s ovim svijetom. Tek kad Vam srce postane čisto i sveto u borbi protiv grijeha sve do smrti, tek ćete tada primiti vijenac – život.

Vijenac – život dat će Vam se i onda kada dadnete svoj život za svoje susjede i prijatelje i kada ustrajete u kušnjama nakon što se oduprete kušnji (Evanđelje po Ivanu 15:13; Jakovljeva poslanica 1:12).

Primjerice, kada se ljudi suoče s kušnjama, mnogi od njih nevoljko ustrajavaju bez zahvalnosti u srcu, polude bez ustrajnosti ili se žale Bogu.

Za razliku od toga, ako uspijete nadvladati sve vrste kušnji s radošću, smatrat će se da ste u cijelosti posvećeni. Onaj koji vrlo mnogo ljubi Boga može biti vjeran sve do smrti i s radošću nadvladati sve vrste kušnji.

Osim toga, velike su razlike u kvaliteti života pojedinaca, ovisno o tome nalaze li se oni na prvoj, drugoj, trećoj ili četvrtoj razini vjere. Zli ne mogu ni naštetiti onima na četvrtoj razini vjere. Čak i kada ih napadne neka bolest, oni toga smjesta bivaju svjesni.

Dakle, oni stavljaju svoje ruke na oboljeli dio tijela i potom bolesti posve nestane. Nadalje, ako se netko nalazi na petoj razini vjere, nema te bolesti koja bi ga mogla napasti jer ga u svako doba obavija svjetlo slave.

Osnovni cilj koji Bog ima u vidu kada kultivira ljudska bića na zemlji jest othraniti i dobiti pravu svoju djecu koja mogu ući u Treće kraljevstvo, pa i u razine iznad njega. Svaki nebeski stan je mjesto za prekrasan i sretan život, ali nebo u najužem smislu riječi jest Treće kraljevstvo i razine iznad njega, u koje mogu ući i ondje živjeti samo sveta i savršena djeca Božja. To je područje odvojeno za pravu djecu Božju koja su živjela po volji Božjoj. A ondje oni mogu gledati Boga licem u lice.

Nadalje, budući da Bog ljubavi želi da svi dospiju u Treće kraljevstvo na nebesima ili na razine iznad njega, On Vam pomaže da se posvetite uz pomoć Duha Svetoga, dajući Vam svoju milost i snagu kad usrdno molite i kad čujete Riječ života.

U Mudrim izrekama 17:3 stoji: „*Taljika je za srebro i peć za zlato, a srca iskušava Jahve sâm*". Bog iskušava sve nas kako bismo postali Njegova prava djeca.

Nadam se da ćete ubrzo postati posvećeni odbacivanjem svojih grijeha u borbi protiv njih sve do prolijevanja krvi, te da ćete zadobiti savršenu vjeru koju Bog i želi da imamo.

Novi Jeruzalem

Što više znate o nebesima, to ćete ih smatrati sve čudesnijima. Novi Jeruzalem najljepše je mjesto na nebu i u njemu se nalazi Božje prijestolje. Moguće je da će neki to pogrešno shvatiti i misliti da će sve spašene duše živjeti u Novom Jeruzalemu, ili da je cijelo nebo Novi Jeruzalem.

Međutim, tomu nije tako. U Otkrivenju 21:16-17 zapisane su dimenzije grada Novog Jeruzalema: širina, duljina i visina iznose otprilike 140 lakata (1.400 milja ili otprilike 2.200 kilometara). Promjer mu iznosi oko 5.600 milja. To je područje malo manje od kineskog Zabranjenog grada.

Nebo bi bilo prenapučeno svim spašenim dušama kad bi se nebo sastojalo samo od Novog Jeruzalema. Kraljevstvo je nebesko, zapravo, nezamislivo prostrano, a Novi Jeruzalem samo je jedan njegov dio.

Pa tko, onda, ispunjava uvjete za ulazak u Novi Jeruzalem?

Blago onima koji peru svoje haljine da imadnu dio u stablu života i mognu ući u Grad na vrata! (Otkrivenje

22:14).

Ovdje se riječ „haljine" odnosi na Vaše srce i djela, a „prati haljine" znači pripremati se kao zaručnica Isusa Krista ispravnim ponašanjem dok ujedno i dalje pročišćavate svoje srce.

„Imati udio u stablu života" naznaka je da ćete biti spašeni po vjeri i ući u nebo. „Ući u Grad na vrata" znači da ćete proći kroz biserna vrata Novog Jeruzalema nakon što prođete kroz vrata svakog kraljevstva nebeskog, već prema rastu svoje vjere. To jest, u onoj mjeri u kojoj se posvetite utoliko ćete se uspjeti više približiti Svetom gradu u kojemu se nalazi Božje prijestolje.

Dakle, u Novi Jeruzalem uspjet ćete ući jedino ako se nalazite na petoj razini vjere, na kojoj ste Bogu vrlo mili i na kojoj se u cijelosti posvećujete i vjerno izvršavate sve svoje dužnosti. Vjera mila Bogu je ona vrsta vjere koja je dovoljno vjerodostojna da dirne čak i Božje srce ili da Ga nagne da Vas upita: „Što da učinim za tebe?" čak i prije nego što Ga zamolite za bilo što. To je savršena duhovna vjera, vjera Isusa Krista koji se u svemu ponašao nalik srcu Božjem.

Po samoj svojoj naravi Isus je bio Bog, ali nije smatrao da se jednakost s Bogom uopće može spoznati. Sebe učini ništavnim, postade sluga. Ponizi se i bî poslušan do smrti (Poslanica Filipljanima 2:6-8).

Zato Ga Bog i uzvisi iznad sviju i dade Mu Ime (Poslanica Filipljanima 2:9), slavu da sjedi zdesna Ocu i vlast Kralja nad kraljevima i Gospodina nad Gospodinima.

Isto tako, za ulazak u Novi Jeruzalem morate biti poslušni do smrti, baš kao i Isus, ako je to volja Božja. Moguće je da će se neki od Vas zapitati: „Čini se da nisam uopće kadar biti poslušan do

smrti. Mogu li uopće postići petu razinu vjere?"
Uistinu, takve tvrdnje potječu iz Vaše slabe vjere. Nakon što spoznate Novi Jeruzalem, nitko od Vas to više neće tvrditi kako se budete napunjali nadom u život vječni na takvom prekrasnom mjestu.
Dok budem ukratko opisivao svojstva i slavu Novog Jeruzalema, pustite mašti na volju i uživajte u prosvjetljenju i prekrasnim čudesima Svetog grada.

Ljepota Novog Jeruzalema

Baš kao što se zaručnica priprema da bude najljepša i najelegantnija za susret sa svojim zaručnikom, tako i Bog pripravlja i ukrašava Novi Jeruzalem na najljepši mogući način. Biblija nam to opisuje u Otkrivenju 21:10-11:

> *I odnese me, u duhu, na neku veliku i visoku goru i pokaza mi sveti Grad, Jeruzalem, gdje silazi od Boga s neba sa Slavom Božjom u sebi. Sja se kao vrlo skupocjen kamen, kao kristalan jaspis.*

Osim toga, zidine su mu sačinjene od jaspisa, a gradske zidine imaju dvanaest temelja. Dvanaest je vrata dvanaest bisera. Svaka se pojedina vrata sastoje od jednog bisera. Gradski je trg od čista zlata, kao od prozirna stakla (Otkrivenje 21:11-21).
Zašto je Bog u pojedinosti opisao trg i zidine od svih drugih ogromnih i prekrasnih zgrada Svetoga grada? Na ovome svijetu ljudi upravo zlato smatraju najdragocjenijim i žele ga posjedovati. Ljudi daju prednost zlatu ne samo zbog toga što je

ono uistinu dragocjeno, nego i zato što ono nikad ne gubi na vrijednosti, čak ni ako protekne dosta vremena.

Međutim, u Novom Jeruzalemu čak su i ulice po kojima ljudi hodaju načinjene od zlata, a gradske zidine od raznovrsnog dragog kamenja. Možete li uopće zamisliti koliko će prekrasna biti i druga svojstva unutar gradskih zidina? Upravo zato nam Bog opisuje trg i gradske zidine na ovaj način.

Isto tako, Gradu nije potrebno ni sunce niti svjetiljke da sijaju jer mu Božje svjetlo daje svjetlost i ondje nikada neće biti noći. Ondje je Rijeka života, ili Voda života, kristalno bistra, koja teče od prijestolja Božjeg i Jaganjčeva sve do središta najvećeg gradskog trga.

S obje strane Rijeke života nalaze se plaže od zlatnog i srebrnog pijeska i stablo života koje rađa dvanaest plodova, i to svaki mjesec. Ljudi šeću oko vrtova koje je Bog ukrasio raznovrsnim stablima i cvijećem. Cijeli je Grad napunjen srećom i mirom zahvaljujući sjajnom svjetlu i ljubavi Gospodina našega, Isusa Krista, a njih ne možemo precizno opisati riječima ovoga svijeta.

Bit ćete oduševljeni samim viđenjem tih sjajnih i veličanstvenih prizora: kuće su načinjene od zlata i dragog kamenja, a prozirne i bistre zlatne ulice od sjajnih šljokica. To je svijet onkraj naše mašte, a njegova se slava ne može ni s čim usporediti.

Gradu ne treba ni sunca ni mjeseca da svijetle u njemu, jer ga rasvijetli Slava Božja, a svjetiljka mu je Jaganjac (Otkrivenje 21:23).

Zatim vidjeh novo nebo i novu zemlju. Jer, prvo nebo i prva zemlja nestadoše. Ni mora više nema. I vidjeh kako sveti Grad, novi Jeruzalem, silazi od Boga s neba opremljen poput zaručnice koja je nakićena za svoga muža (Otkrivenje 21:1-2).

Pa za koga se, onda, pripravlja tako prekrasan Sveti Grad? Bog je pripravio Novi Jeruzalem za, osim svih spašenih, svoju istinsku djecu koja su sveta i savršena baš kao što je i On sam. I zato Vas Bog potiče da se u cijelosti posvetite i kaže: *"Klonite se svake vrste zla!"* (Prva poslanica Solunjanima 5:22), *"Budite sveti jer sam ja svet!"* (Prva Petrova poslanica 1:16) i *"Budite, dakle, savršeni tako kako je savršen Otac vaš nebeski!"* (Evanđelje po Mateju 5:48)

Međutim, premda se ljudi u cijelosti posvete, samo će neki ući u Novi Jeruzalem dok će drugi ostati u Trećem kraljevstvu nebeskom, ovisno o tomu koliko nalikuju srcu Gospodinovu i u kojoj mjeri oni to ostvaruju u djelima. Ljudi koji ulaze u Novi Jeruzalem nisu samo posvećeni, nego su Mu i mili zato što oponašaju Njegovo srce i bivaju poslušni do smrti, ovisno o Njegovoj volji.

Pretpostavimo da su u nekoj obitelji dva sina. Jednog dana vrati se otac s posla i kaže da je žedan. Stariji sin zna da otac više voli bezalkoholna pića pa je ocu donio čašu soka. Osim toga, on je izmasirao svojeg oca i pomogao mu da se opusti. Za razliku od njega, mlađi je brat donio čašu vode, a potom se vratio u svoju sobu da uči. Koji je od te dvojice omogućio da se otac osjeća ugodnije i zadovoljnije zato jer on dobro poznaje svojeg oca? To je zasigurno stariji sin.

Slično tomu, velika je razlika između onih koji ulaze u Novi Jeruzalem i onih koji ulaze u Treće kraljevstvo nebesko – razlikuju se po tome u kojoj su mjeri mili Bogu i koliko su bili vjerni svemu, oponašajući srce Božje.

Isus razlikuje vjeru na petoj razini kao vjeru koja je Bogu mila kako bi omogućio da Vi što bolje razumijete volju Božju. Bog nam govori da su Mu veoma mili oni koji su posvećeni s vjerom. Bog kaže da se veseli onima koji revno nastoje spasiti druge naviještanjem evanđelja. Bog kaže da su Mu očima mili upravo oni koji vjerno nastoje proširiti Njegovo kraljevstvo i pravednost.

Vijenac od zlata ili vijenac pravednosti

Ljudima iz Novog Jeruzalema dodijelit će se vijenac od zlata ili vijenac pravednosti. A to su najslavniji vijenci na nebesima i nose se samo u posebnim prigodama, kao što su velike gozbe.

Otkrivenje 4:4 nam govori: „*I uokolo prijestolja još dvadeset i četiri prijestolja na kojima su sjedila dvadeset i četri Starca, obučena u bijele haljine, sa zlatnim vijencima na svojim glavama*". Dvadeset i četiri Starca imaju pravo sjediti oko prijestolja Božjega. Ovdje se „Starci" ne odnosi na one koji obnašaju položaj Starca u crkvi, nego na one koji su priznati kao oni koji slijede Božje srce. Oni su u cijelosti posvećeni i grade kako vidljive hramove tako i nevidljive hramove u svojim srcima.

U Prvoj poslanici Korinćanima 3:16-17 Bog nam govori kako Duh Božji prebiva u našim srcima kao u hramu Božjem. I zato će On „razoriti" sve koji razore hram Božji. Izgradnjom nevidljivog hrama Božjega u srcu znači postati čovjekom duha odbacivanjem svojih grijeha, a izgradnja vidljivog hrama znači do kraja izvršiti svoju dužnost na ovome svijetu.

Broj „dvadeset i četiri" „dvadesetčetvorice Staraca" znači sve ljude koji ne samo da će proći kroz vrata spasenja po vjeri poput dvanaest izraelskih plemena, nego koji su i u cijelosti posvećeni poput Isusovih dvanaest apostola. I baš kao što ste priznati kao dijete Božje po svojoj vjeri, isto tako postajete dijelom izraelskog naroda, a osim toga, uspjet ćete ući u Novi Jeruzalem ako ste posvećeni i vjerni kao što je to bilo i Isusovih dvanaest učenika. „Dvadest i četiri Starca" simboliziraju one koji su u cijelosti posvećeni, do kraja vjerni u izvršavanju svojih dužnosti i priznati od Boga. On im daje zlatni vijenac jer je njihova vjera dragocjena poput čistog zlata.

Nadalje, vijence pravednosti Bog daje i onima koji ne samo da odbacuju svoje grijehe, nego isto tako izvršavaju svoje dužnosti na Njegovo zadovoljstvo i koji imaju Bogu milu vjeru poput apostola Pavla. Pavao se nosio s brojnim poteškoćama i progonima zbog svoje pravednosti. On je ulagao tolike napore i podnosio sve u vjeri kako bi postigao kraljevstvo Božje i Njegovu pravednost, bilo da je jeo ili pio ili radio bilo što drugo; Pavao je veličao Boga i pokazivao Njegovu slavu kamo god išao. I zato je uspio s povjerenjem priznati: *„Za budućnost mi je spremljen vijenac pravednosti koji će mi u onaj Dan dati Gospodin, pravedni sudac, i ne samo meni, nego i svima koji čeznutljivo čekaju njegovo pojavljivanje"* (Druga poslanica Timoteju 4:8).

Razmatrali smo nebesa, način na koji ih možete prisvojiti i različite stanove i vijence na nebesima koji se dodjeljuju ovisno o mjeri vjere svakog pojedinoga.

U Ime Gospodina Isusa Krista molim da postanete mudri kršćani koji ne čeznu za propadljivim nego za vječnim i koji u vjeri prisvajaju nebo i uživaju vječnu slavu i sreću u Novom Jeruzalemu!

Autor:
Dr. Jaerock Lee

Dr. Jaerock Lee rođen je 1943. u Muanu, provincija Jeonnam, Republika Koreja. U svojim dvadesetim godinama Dr. Lee je sedam godina bolovao od niza neizlječivih bolesti i iščekivao smrt bez ikakve nade u oporavak. Međutim, jednoga dana, u proljeće 1974., njegova ga je sestra odvela u crkvu, a, kada je kleknuo da se pomoli, živi ga je Bog smjesta ozdravio od svih njegovih bolesti.

Od trenutka kada je Dr. Lee upoznao živoga Boga putem tog prekrasnog iskustva, ljubio je Boga svim svojim srcem i dušem, a 1978. pozvan je da postane sluga Božji. Usrdno se molio da jasno spozna Božju volju, da je u cijelosti provede u djelo i da poštuje Riječ Božju. 1982. utemeljio je crkvu Manmin Central Church u Seulu, Koreja, a u toj su se crkvi događala brojna djela Božja, uključujući i čudesna ozdravljenja i znamenja.

1986. Dr. Lee zaređen je za pastora na Godišnjoj skupštini crkve Jesus' Sungkyul Church iz Koreje, a četiri godine kasnije, 1990., njegove su propovijedi Dalekoistočna televizijska kuća, Azijska televizijska postaja i Kršćanski radio Washingtona počeli prenositi na televiziji u Australiji, Rusiji, na Filipinima i u brojnim drugim zemljama.

Tri godine kasnije, 1993., crkvu Manmin Central Church odabrao je za jednu od „50 najvećih crkava na svijetu" časopis *Kršćanski svijet* (SAD), a on je primio Počasni doktorat božanstva od fakulteta Christian Faith College, Florida, SAD, a 1996. i doktorsku titulu od teološkog sjemeništa Kingsway Theological Seminary, Iowa, SAD.

Od 1993. Dr. Lee predvodi i svjetsku misiju u mnogim prekooceanskim pokretima u Tanzaniji, Argentini, L.A.-u, Baltimore Cityju, Hawaiijima i

New York Cityju u SAD-u, Ugandi, Japanu, Pakistanu, Keniji, Filipinima, Hondurasu, Indiji, Rusiji, Njemačkoj, Peruu, Demokratskoj Republici Kongo i Izraelu. 2002. glavne kršćanske novine u Koreji prozvale su ga „svjetskim pastorom" za njegov doprinos u različitim prekooceanskim pokretima za veliko ujedinjenje.

Od Svibanj 2016. crkva Manmin Central Church ima kongregaciju od više od 120.000 članova. Ima 10.000 tuzemnih i inozemnih ogranaka crkve diljem planete, a dosad je više od 102 misionara poslano u 23 zemlje, uključujući i Sjedinjene Američke Države, Rusiju, Njemačku, Kanadu, Japan, Kinu, Francusku, Indiju, Keniju i mnoge druge zemlje.

Do datuma objavljivanja ove knjige Dr. Lee je napisao 104 knjiga, uključujući i bestselere *Kušanje Vječnog Života Prije Smrti*, *Moj Život*, *Moja Vjera I i II*, *Poruka Križa*, *Mjera Vjere*, *Raj I i II*, *Pakao* i *Božja Moć*. Njegova su djela prevedena na više od 76 jezika.

Njegove kršćanske kolumne objavljuju *The Hankook Ilbo*, *The Chosun Ilbo*, *The JoongAng Daily*, *The Dong-A Ilbo*, *The Hankyoreh Shinmun*, *The Seoul Shinmun*, *The Kyunghyang Shinmun*, *The Korea Economic Daily*, *The Korea Herald*, *The Shisa News,* and *The Christian Press.*

Dr. Lee je trenutačno vođa mnogih misionarskih organizacija i udruga, uključujući i funkcije predsjedavajućega u The United Holiness Church of Jesus Christ, stalnog predsjednika u The World Christianity Revival Mission Association, osnivača i predsjednika uprave u Global Christian Network (GCN), osnivača i predsjednika uprave u World Christian Doctors Network (WCDN) i osnivača i predsjednika uprave u Manmin International Seminary (MIS).

Ostale moćne knjige istog autora

Raj I i II

Podrobna skica božanske životne okoline u kojoj uživaju stanovnici raja i prekrasan opis različitih razina nebeskog kraljevstva.

Poruka Križa

Moćna poruka razbuđivanja za sve ljude koji su u duhovnom snu! U ovoj ćete knjizi pronaći razlog zašto je Isus naš jedini Spasitelj i iskrenu Božju ljubav.

Pakao

Ozbiljna poruka cijelom čovječanstvu od Boga, koji ne želi da čak i jedna duša padne u dubine pakla! Otkrit ćete nikada prije objavljeni opis surove stvarnosti Hada i pakla.

Izraele, Probudi se

Zašto je Bog uperio pogled u Izrael od početka svijeta do današnjega dana? Koja je vrsta Njegove providnosti pripravljena za Izrael posljednjih dana, koji iščekuje Mesiju?

Moj Život, Moja Vjera I i II

Najmirisnija duhovna aroma izvučena kao ekstrakt iz života koji je procvjetao neusporedivom ljubavlju za Boga usred tamnih valova, hladnoga jarma i najdubljeg očaja.

www.urimbooks.com

www.ingramcontent.com/pod-product-compliance
Lightning Source LLC
LaVergne TN
LVHW041756060526
838201LV00046B/1023